公文高手的修炼之道

Official Documents

笔杆子的写作必修课

第2版

胡森林 / 著

人民邮电出版社

北京

图书在版编目（ＣＩＰ）数据

公文高手的修炼之道：笔杆子的写作必修课 / 胡森林著. -- 2版. -- 北京：人民邮电出版社，2023.10
ISBN 978-7-115-61926-6

Ⅰ. ①公… Ⅱ. ①胡… Ⅲ. ①公文－写作 Ⅳ. ①H152.3

中国国家版本馆CIP数据核字(2023)第104228号

◆ 著　　　胡森林
　　责任编辑　王法文
　　责任印制　李 东　胡 南
◆ 人民邮电出版社出版发行　北京市丰台区成寿寺路 11 号
　　邮编　100164　电子邮件　315@ptpress.com.cn
　　网址　https://www.ptpress.com.cn
　　北京天宇星印刷厂印刷
◆ 开本：720×960　1/16
　　印张：12.25　　　　　　　　　2023 年 10 月第 2 版
　　字数：162 千字　　　　　　　2024 年 12 月北京第 5 次印刷

定价：59.80 元

读者服务热线：(010)81055256　印装质量热线：(010)81055316
反盗版热线：(010)81055315
广告经营许可证：京东市监广登字 20170147 号

课前赘语

本书之缘起

山羊胡，不知何许人也。

少壮发愤，刻苦攻读，胸有大志。一朝入公文行当，焚膏继晷，兀兀穷年。其间甘苦，如人饮水，冷暖自知。

尝听人言："公文，雕虫小技耳，何足道哉？"其未敢妄自菲薄，深知公文虽为小道，亦有可观者焉。

其曰："公文之佳构，有经世之用，绝非八股，乃学养底蕴滋养而得，非止于笔头，能担纲撰写之人，亦可当大任。"

有人邀其与同道者切磋，将所思所想，做八番讲授。有好事者记录其言，连缀成篇，即为此书。

Contents 目录

3

第一课
Lesson One

衡量公文质量的基本标准

　　我国的公文历史悠久、源远流长。古代不少卓越的政治家、思想家，通过公文上书最高决策层，提出政策主张，为国家治理献言献策，推动了历史的发展和社会的进步。例如，大家熟知的有西汉贾谊的《过秦论》、三国时蜀国诸葛亮的《出师表》、唐代魏徵的《谏太宗十思疏》、明朝海瑞的《治安疏》……这些脍炙人口、流芳百世的好公文，至今读起来仍令人拍案叫绝。

　　现代社会里，公文的作用更加不容小觑。无论是党政机关，还是企业等组织，都要靠公文来表达意志、传递政策、沟通联络，进而推动事业发展，实现组织意图。可以说，公文是一个单位、一个组织乃至一个国家实现良治善治必不可少的工具和手段。一篇篇公文的累加，推动了经济社会的发展。

　　公文，顾名思义，就是"为公"的"文"，它与公众、公事、公意、公利等直接关联，是以文辅政的重要载体，在所有文章形式中，具有特殊的地位和作用。因此在当下，做好新时代的公文工作至关重要。

　　了解公文的基本特点，是公文写作的基础。本节课我们来认识一下一篇合格公文的五个基本要素，即定位准确、格式规范、结构严谨、内容实际、逻辑清晰。这也是衡量公文质量的基本标准。

▌第一关　定位准确

　　我们知道，公文是具有法定效力和规范体式的文书，是依法行政和进行公务活动的主要工具。公文最重要的作用在于"以文辅政"，这是公文最重要也最根本的定位。

　　所谓"以文辅政"，就是通过文字工作来辅助处理政务。我国古代把公文材料叫作"公牍"，机关文字工作也称作"治牍"。清朝人许同莘在其著作《公牍学史》中，强调公牍是"临民治事之具"，揭示了公文与政事密不可分的关系。

以文辅政，重在"政"。"政"之大小、轻重，决定了文章的主题与核心，也是评价文章效用的根本准则。古语说："文可载道，以用为贵。"一篇公文，如果脱离了"辅政"的轨道，即使写得再好，也是无用之文。用来辅政的文章，不在华丽辞藻，不求出异追新，而在为政而谋，为上分忧、为下言事，这样才能经世致用，才称得上美玉良文。

为了说明这个问题，我有两个观点和大家分享。第一个观点，"政"的核心是政治性和政策性。

为什么这么说呢？我们知道，公文作为党政机关、企事业单位上传下达、联系左右的媒介，是为制定和贯彻执行党和国家的方针政策服务的，基本内容是公文所在单位的决策意图和行政意向，必然要体现一定的政治站位，因而含有政治属性，具有明确的政治意图，即使这种政治意图没有明确表达，但也一定存在于字里行间。

正因为如此，好的公文首先应该凸显鲜明的政治性。公文的内容不能由个人意志决定，必须代表国家和人民的根本利益，代表领导机关的施政意志，否则，公文就无法发挥应有的效用。这就要求公文起草者必须把握公文的政治属性，站稳政治立场，凸显政治目的，紧扣中央和上级的政治要求来建章立意，增强公文的严密性、权威性和说服力，确保各项大政方针落实到位。这也是贯彻"讲政治"的要求，这些要求都要体现在一篇篇具体的公文当中。

其次，公文还要突出严肃的政策性。公文与文学作品不同，它有"法定作者"，通常是领导机关和领导集体。即使是以领导人个人名义发文的公文，也是以其代表的所在机关的身份来发布的，这是行使法定职权的表现。所以，符合法律法规、政策规定是公文写作的基本原则。背离政策规定的公文，无论它的辞藻多么华丽优美、见解多么独到精辟，也是不合格的。当然，我们讲符合政策规定，并不是机械地照抄照搬照转，而是要辩证地把握好"时""度""效"，既吃透上情、严格遵守，做到令行禁止，又把准下情、创新实践，做到特色鲜明。

我要讲的第二个观点是，"辅"的要义是把握好"意图"。这是由公文的特性和要求决定的，公文的主要功能是上传下达、部署工作、协助决策、解决问题，在这里，"文"只是工具和手段，"辅政"才是目的。那么，"辅"的对象是什么？就是公文行文需要表达的意图。

这就要求，写作公文之前要把握行文目的或发文意图，弄清阅读对象的具体情况，把自己摆到制发公文的主体位置上，围绕主题内容提炼观点，遵循文种既定格式行文，旗帜鲜明地表明支持什么、反对什么，明确具体地指出该做什么、不能做什么，而不要模棱两可、含糊其辞。

那么，公文的意图从哪儿来？来自对实际情况的研究与分析。这其中，要特别注意研究好三个方面的问题：一要研究上情。提出的观点、办法和措施，要符合国家的法律规定和上级部门的要求；二要吃透下情。就是研究工作现状，特别是工作中存在的问题。问题看准了，才能提出符合实际的对策和措施，才能找准解决问题的办法；三要了解外情。就是借鉴外地、外单位、外部门在解决同样问题上的成功经验，完善我们的对策措施。

既然我们说，公文反映的是领导机关、领导集体的意志，那么公文写作者在行文前首先要做的，就是详细了解意图、弄清要求，站在领导的角度和高度思考问题，谋划未来，安排工作，而不能自己想当然，拍脑袋，或者掺杂个人喜恶来认识事物和做出判断。

有人或许会问，我又不是领导，怎么能站在领导的角度去思考呢？大家一定听过"身在兵位，胸为帅谋"这句话，这其实就是对公文写作者的一种要求。公文写作者要学会"提拔自己"，善于"关起门来当领导"，站在决策者的角度、全局的高度、主讲人的维度，从工作大局出发，来认识形势、分析问题、提出对策，高屋建瓴，力求把问题看得更深一些、思考得更准一些、阐述得更新一些。

这样做，当然不是为了过一过"当领导"的瘾，而是为了更好地把握领导思想，因为它对准确表达意图很重要。除了自己思考和揣摩，公文写作者还要通过搜集和阅读领导的谈话、文章、批示、脱稿讲话等，把领导对同一问题的看法和见解串联起来，加以丰富和完善，提炼鲜明的论点，提高与领导思想的贴合度。

如果是代表领导个人的文体，如讲话、致辞等，还要尽量体现领导的个性风格，使内容和形式更加有机地统一。文章中多用具有独特风格、体现领导个性的语言和表达方式，会增强文章的吸引力和感染力。那么，公文写作者就要想办法熟悉领导的性格气质，留意领导的个性风格，揣摩领导的思维方式和用语习惯，善于用领导的语言阐述领导的意图，这样，公文才有独到见解，领导的思想风格才能跃然纸上。

通过以上的讲述，我们懂得了公文的根本定位是"以文辅政"，那怎样才能做到呢？这里和大家讲三个方面的原则。

一要言之有理。理就是道，就是规律和逻辑。在工作和生活中，总会有很多的道理在其中，这既是我们符合逻辑的现实判断，也是我们基于规律的正确选择。公文也是如此，要"顺理"才能"成章"。失去了"理"的支撑，不仅不能做到以理服人，更可怕的是，会导致我们在实践中碰钉子，造成工作的被动局面。公文是我们对实际工作的反映和抽象，没有"理"的公文，难以在实际工作和生活中得到推广和认可。

二要言之有据。其强调的是文章的严谨性，即组成公文的每句话、每个段落都要有事实依据，这个事实依据不仅是现实情况的堆砌，也包括符合逻辑的推导和论述。但无论是事实还是观点，都要真实有据，既不能主观臆断、浮夸鼓吹，也不可矫揉造作、前后矛盾。公文务实可靠，才符合实事求是的基本要求，才能够切合实际、符合实情、切合常理，为公文中心思想服务，提出正确的思路、方法、措施，为辅政打下基础。

三要言之有物。所谓言之有物，对公文来说更多的是要立足现实，有针对性地解决现实问题，其内容要让人感觉在现实生活中确实存在这样的问题和现象，也要基于逻辑和现实，提出有针对性、可操作性的解决思路和方法。要避免的情况就是，随着公文写作者感情风起云涌，或者跟着公文写作者主观想法信马由缰，这样写出来的公文就是废稿，起不到真正作用。

第二关　格式规范

看一篇公文，我们最直观地就是接触到它的外在形式，也就是它的格式。公文格式，是公文的规格样式，即公文各组成部分在页面上的呈现形式，也叫公文的外部组织形式。

格式是公文非常重要的一个要素。因为公文作为一种应用文，和诗歌、散文等自由式的文学作品不一样，它是一种高度程式化的文体，在长期的实践中，形成了独特的写作格式和一套制发规范，它是规范化、标准化的，并用国家法规予以规定，各级各类机关、事业单位和人民团体，都要共同遵守，不能另搞一套，各行其是。

不仅是我们国家现行公文体系，古今中外的公文都有比较明确、细致的格式规范。老一辈革命家非常重视公文写作工作，也同样关注公文的格式问题，许多公文格式是他们确定下来的。那么，我们要问：公文为什么这么强调格式规范？不遵守格式规范会带来什么问题？

总体来说，公文格式规范是公文的本质要求，反映了公文的内在规律和客观需要，也是公文的生命力所在。我们说，要使公文在最大限度、最大范围内实现有效沟通，不讲规范性、不坚持规范性，是难以想象的。只有形式上规范了、统一了，沟通传播中的障碍才能扫清，公文的写作、阅读、传递、处理才能更快捷和更有效。

具体来说，公文格式规范的必要性体现在以下几个方面。首先，这是由公文的本质决定的。公文不是一般的文学作品，从本质上说，它是公共政策和行政指令流转的载体。为了确保这些信息在传递过程中不失真、不出错、不被误解，格式上自然要求准确、清晰、严谨，以便于阅读者了解掌握信息。这就是标准公文在格式上要求非常细致、非常规范的原因，有了这些通用的标准，熟悉公文的人据此就能很直观地从相应地方获取相应信息，提高阅读和使用的效率。

其次，这是公文处理工作本身所需要的。公文处理工作是机关的重要工作，也是出现频次很高的一项日常工作。办文部门每天都在制发公文，如果没有一个统一的、细致的格式规范，处理公文的人每天势必要在各式各样、千奇百怪的文件中加以甄别，工作成效必然大打折扣。为保证公文的完整、准确、庄重、有效、合法，便于规范处理，并为立卷和归档提供方便，整体上提高公文处理的制度化、科学化水平，格式的规范化就是重要前提，有了形式上的齐整一致，才能保证公文信息处理的高效、快捷，从而给公文处理工作带来极大方便，提高工作质量和效率。

再次，这还是公文权威性和约束力在形式上的具体表现。对于公文来说，形式不是无足轻重的，它对公文的内容起保证作用。公文的适用范围非常广泛，上到国计民生，下到衣食住行，政治、经济、文化、社会等纷繁芜杂的信息，都通过公文这个载体来实现准确传递。所以，规范的公文格式不是外在强加给公文的，而是公文本身的一种客观需要，是其写作结构的规律性表现，它不仅能体现公文的法定权威性和约束力，而且有利于保证政令畅通。公文格式不规范，不仅影响公文的质量和美观，更主要的是影响公文的效力，甚至由于格式不规范而造成各种谬误，直接影响公文的严肃性和作用的发挥，有时还会因此造成重大失误。

最后，公文格式规范化也是信息化时代的必然要求。当前，我们已经进入信息化时代，计算机和现代化文印设备普遍进入办公室，使用计算机进行公文处理的最大好处就是能提高办公效率，改善办公条件，对提高公文的制作水平起到积极作用。有了统一的公文格式标准，相关的软件开发人员就可以依据标准编制公文制作模板，通过计算机排版打印，成倍地提高工作效率。所以，公文格式规范化也为办公自动化奠定了基础，确保运行高效，风格统一，易于识别。

公文格式规范如此重要，因此，它也应该是公文写作者的入门基本功。公文写作者对一些常见公文的标准格式应该熟稔于心，并且在实际工作中严格遵守，避免写出不合格式的公文。接下来，我们简要说一说公文格式规范的基本要求。

公文格式规范主要包含以下三个方面的主要内容。

第一，公文的组成要素及其标注标准。即公文书面格式的构成要素，如份号、密级和保密期限等，以及这些要素在页面上的排列顺序和标识规则、标识位置。

第二，承载公文的介质标准。其包括两个方面，一是纸张要求，即公文用纸的主要技术标准。公文用纸幅面一般采用A4型，而且在公文版面、页边与版心尺寸上都有规定。二是排版和印制要求，包括排版的字号规格、印刷装订和图文颜色要求等。

第三，公文数据的表现形式。其包括公文中的文字、外文字符、表格、标点符号、计量和数字等的使用规范等。

如果用一句话来概括公文格式的规范要求，我们可以这样说："要素齐全无赘疣，位置得当无偏差，版式正确不混淆，数据表现无谬误。"

经常写作公文的人，一定都看过中共中央办公厅、国务院办公厅于2012年4月16日联合发布并于2012年7月1日实施的《党政机关公文处理工作条例》[以下简称《条例》（2012）]，以及由中华人民共和国国家质量监督检验检疫总局、中国国家标准化管理委员会于2012年6月29日联合发布，并于2012年7月1日实施的《党政机关公文格式》（GB/T 9704—2012）[以下简称《格式》（2012）]，还有其编写的《〈党政机关公文格式〉国家标准应用指南》（以下简称《国家标准应用指南》），这些文件规范对党政机关的公文文体、文面格式和版面形式做了详细、严格的规定和解释。

《条例》（2012）对公文格式作了明确规定，指出：公文一般由份号、密级和保密期限、紧急程度、发文机关标志、发文字号、签发人、标题、主送机关、正文、附件说明、发文机关署名、成文日期、印章、附注、附件、抄送机关、印发机关和印发日期、页码等18个要素组成。这18个要素按其所在的位置，又可分成眉首（文头）部分（前6个要素）、主体部分（中间9个要素）、版记（文尾）部分（最后3个要素）。

眉首部分位于公文首页上部，一般占整个页面的1/3左右。主体部分位于眉首部分以下，版记部分之上。版记部分位于公文最后一页下端。《条例》（2012）还明确要求，公文的版式按照《党政机关公文格式》国家标准执行。这些都是公文写作的"硬性"要求。公文写作者需要认真掌握，学透弄懂用好，严格遵照执行，避免发生错误，闹出笑话，给工作造成损失。

《条例》（2012）规定了决议、决定、命令（令）、公报、公告、通告、意见、通知、通报、报告、请示、批复、议案、函、纪要等15个文种的撰写规范。大家可以结合自己的实际工作，去参照、学习、消化。

公文格式规范还有一个内在要求，就是文种使用要恰当。南北朝时期的文学评论家刘勰在《文心雕龙·章表》中说，"章以谢恩，奏以按劾，表以陈请，议以执异"，意思是不同的文种，它的目的和功能是不一样的，不能搞混淆了。

不同种类的公文除了作用不同，还要体现发文机关与受文机关之间关系的不同。例如，有的文种具有指示功能，适用于上级机关向下级机关行文，如决议、决定、批复；有的文种具有陈述呈请的功能，适用于下级机关向上级机关行文，如请示、报告；有的文种具有周知功能，适用于公开发布或在一定范围内发布事项，如公报、通报；有的文种具有规范功能，适用于对特定范围的工作或事务制定具有约束力的行为规范，如纪要。如果不加以分辨，就容易陷入无知而盲的境地。

错误使用文种，会造成行文关系的混乱，影响公文效能的发挥。我们假设，有人写公文时不分文种，把本来应该作出指示和形成重要意见的决议写成了广而告之的通报，或者把给上级的请示写成了报告，或者把请示、报告连缀在一起，这些无疑都会成为笑话，影响工作。

第三关　结构严谨

我们接着讲结构的要求。结构就是文章的组织方式、排列次序和内部构造。结构的作用在于，将文章中各个要素通过合理的方式联系到一起，进行梳理摆布，使之排列有序、主次分明、一目了然。

如果说主题和材料分别解决文章"言之有理"和"言之有物"的问题，那么，结构则解决文章"言之有序"的问题。

我国古人写文章很重视结构，有很多相关的论述，这些论述值得我们借鉴。古人对选定文章结构更多地称为"谋篇""布势""布局"，刘勰在《文心雕龙》中还称为"附会"。《文心雕龙·附会》中说："何谓附会？谓总文理，统首尾，定与夺，合涯际，弥纶一篇，使杂而不越者也。若筑室之须基构，裁衣之待缝缉矣。"大致意思是："附会"就是统率文章的义理主题，联系文章的首尾段落，决定材料的取舍，组合衔接文章章节，包举全篇，使内容丰富而不散漫。这就好比建筑房屋必须打好基础，裁制衣服要细针密缝一样。

《文心雕龙·附会》还称："首尾周密，表里一体，此附会之术也。"意思是：做到文章的首尾结构周密，内外一致，这就是附辞会义的方法。清代诗人袁枚在《随园诗话》中也有"着意画资妙选材，也须结构匠心裁"之说。曾国藩认为，谋篇布势是写文章的"最大功夫"。古人的这些类比和妙喻，都印证了文章结构的重要性。

大家也许会想，公文是有固定格式的，按照格式规范来写就是，结构似乎不那么重要吧？其实并非这样，公文也很讲究结构。公文格式只是外在形式，结构则体现内在思路。

公文在形成观点、有了材料之后，还不能成为一篇文章，必须按照一个内在的脉络，井然有序地组织在一起，构成一个有生命的整体。因此，在动笔之前，对基本内容、主旨框架、层次段落、重要观点、开头结尾等，进行一番全面考虑和总体设计，这是公文写作中重要的一步。结构未定，就匆忙动笔，是写作的大忌。

我们说，文章结构通常被划分为六个组合要素，即开头与结尾、层次与段落、过渡与照应。但在应用文尤其是公文写作实践中，这六个结构要素的组合方式常常发生变异，要么不需要结尾，要么篇段合一，要么层次简单化，要么作细密的层次分割，凡此种种，不一而足。显然，这是由于公文有固定体例和相对稳定的结构模式，公文写作者在思考文章结构时，需要与之相适应。

例如，"请示"分为请示缘由和请示事项；"通知"分为目的依据、通知事项、执行要求；"法规"分为总则、分则、附则；"总结"分为基本情况、成绩经验、问题不足、今后打算等。总之，公文的特殊结构模式就是为了适应不同文种的体式特点。

公文结构有没有一些常用模式呢？这是有的。一般而言，公文写作的常用结构模式有四种。

第一种是"篇段合一"式。即全篇的结构为一段，篇段合一。这种形式多用于内容集中单一、篇幅简短的公文，如发布令、呈报性报告、转发和印发通知，以及简短的公告、任免通知和批复等。

第二种是分项式。即开头先说明目的、依据、原因，或阐明主旨，然后分项表述有关内容，形成"总说—分述—总说"的结构。这种模式在公文中使用得相当普遍，如请示、决定、通知、函、会议纪要等公文，一般采用这种结构。

第三种是条款式，又称条文式。在公文写作实践中，公文写作者常常需要对纷繁复杂的工作事项进行条分缕析，做出适当的主次、先后排列和结构配置。"条款式"便是这一工作实践的产物。即全文从头到尾采用条文式结构，将一个事项作为一"条"，以汉字序数逐条排列（如"第×条"）。条款式专用于法规、规章类公文。

条款式也有两种：一是章断条连式，即全文分为若干章，章下列条，条目序号不受章的限制，全文条目序号连续编排，这种结构适用于内容多、篇幅长的法规、规章，如《中华人民共和国统计法》就采用这种形式；二是条文并列式，即全文不分章，条目序号连贯编排。篇幅较短的规章、制度一般采用这种形式，如《国家统计局巡查工作办法》。有的条文并列式结构可不用"条"标示，直接以汉字序号排列，如《统计上大中小微型企业划分办法》。条文并列式结构下的款或项应独立成段，段间内容应具有相关性。

第四种是分部式，又称文章式。即将内容分成几个部分或若干层次，每个部分可用小标题揭示该部分主旨，以相对完整的一个意思组成若干段落，以若干部分或若干段落形成篇章。分部式结构也有两种：一是全文内容分为若干部分，每部分以小标题显示该部分的主旨，下面阐述具体内容。这种形式常在篇幅较长的报告中使用。二是全文按层次直接分段排列，不加小标题和序号，奖惩性通报通常采用这种形式。

掌握了这几种结构模式，我们在工作中可以根据实际情况，灵活使用。一般而言，一些内容比较单一的公文，在长期实践中形成了固定的结构。但内容复杂的公文，结构变化较多。公文写作者需要根据主旨和材料来具体确定其结构。如何安排好公文结构呢？我建议，要把握好三项原则，即层次清晰、段落衔接、内容照应。

先讲层次清晰。所谓层次，是指公文的组成部分的顺序安排。安排层次要注意做到突出主旨，顺序合理，避免交叉，层次清晰。在层次的安排上，一般有以下三种形式。

一是总分式。即先总后分的形式。开头作总述或综述，接着分别叙述有关事项，最后小结或提出要求。总分式的具体内容安排是：开头对全文内容作总的概括，或简述有关事项的根据或缘由；之后重点分述各有关事项，根据前后、因果、重轻顺序，平行并列叙述；结尾用强调式、升华式、号召式、无尾式或惯用语结束。这种形式在公文中使用比较普遍。请示、决定、意见、指示性通知、会议通知、综合性报告、议决型会议纪要等，常用这种形式。法规性公文也基本属于这种形式。

二是递进式。各层次内容层层推进，前后层次有一定关系。递进关系多种多样，如由表及里、由点到面、由浅入深、由感性到理性等。专题报告、情况通报、工作总结等常用这种形式。总分式的分述内容有的也用这种形式。

三是时序式，也叫贯通式。即按事物进程、时间推移来安排结构。叙述的内容如果是一个完整的事件或过程，可用这种形式。此种形式常用于情况报告、事故报告、调查报告等。

再讲段落衔接。所谓段落，就是公文结构的基本单位，也叫自然段。它一般小于层次，往往几个段落才构成一个层次，有时也等于层次，即一个段落就是一个层次。衔接指的是层次之间、段落之间的连接和转换，起承上启下的作用。

公文的段落划分和衔接要把握以下几点：一是在段落划分方法上，可以按中心意思（主旨）、条项内容（同类事项、问题、观点）、事物发展阶段等来划分，具有相对独立性的部分或过程中的具有相对独立的阶段划为一段。二是每个段落应准确、简洁地表达一个完整的意思，避免内容零散、杂乱。三是句子、段落之间的组合要有序、合理，注意上下段落间的联系，避免出现逻辑上的跳跃和断层。四是公文的段落应长短适度、匀称得当，不能过于冗长、累赘，特别是请示和法规性公文的段落要力求简短、清晰。五是公文的衔接需要过渡词、过渡句、过渡段，运用过渡手段进行衔接，常见于内容转换时和由总括到分述时。做到各个部分之间"前后连贯，气脉相承，通篇浑然一体"，这就是好的过渡。过渡一般采用关联词、引文、小标题、序数词等。

最后讲内容照应。照应就是公文的题文、前后内容要关照和呼应，以加强公文的前后内容联系，增强公文的整体感。常用的照应方法有三种，即题文照应、前后照应、首尾照应。题文照应是公文写作的基本要求之一，要做到这一点，关键是公文的标题要鲜明揭示公文的主旨，内容要紧扣标题，即通常所说的题文相符，不能"离题万里"。前后照应就是前面说的内容后面要有着落，后面写的事项前面要有交代。首尾照应就是首尾遥相呼应，以引起读者的思索和回味。

一篇合格的公文，各要素应该组织合理、和谐统一。那么如何安排好公文的结构，使各要素之间相互协调、统一呢？我们应该把握以下几个方面的原则和方法。

第一，本着为主题服务的原则来安排结构。主题是公文的灵魂。公文的结构、材料都为主题服务。在结构上，公文写作者要围绕主题进行布局，使各个环节紧紧围绕主题展开；在材料选用上，对于能突出主题的材料要精心挑选，对重点体现主题的部分，需论证充分、说理透彻。抓住公文的重点后，再统筹考虑全文的结构，对整篇安排哪几个部分、各个部分的先后顺序及详略、层次与层次之间的过渡、各部分之间的照应、材料的选用等都要进行谋划。在行文时做到疏密有致、言之有据、论证有理、连贯通畅。

第二，根据事物发展的内在规律及逻辑关系来安排结构。公文写作时，公文写作者要反映客观事物固有的规律，按照事物发展的进程，有层次、有条理地加以说明和阐述。一般而言，可以按以下方法来安排结构：一是按照提出问题、分析问题、解决问题、制定措施、得出结论的顺序；二是按照时间的顺序；三是按照从现象到本质的顺序；四是按照由简单到复杂、由局部到整体的顺序；五是按照由起因到结果的顺序。按照这样前后有序、环环相扣、层层递进的方法来安排主体结构，才能使公文表达的意思层次分明，简单明了。

第三，根据公文的不同文种来安排结构。文种不同，一般其结构也不一样。例如，请示一般采取"提出问题—分析问题—提出解决的意见和建议—请求批准"的形式；通知一般采取"告知目的—告知事项—执行要求"的形式；工作报告一般采用"背景概述—总述—分述具体做法、体会、经验等—存在的问题和今后的打算"的形式。

第四关　内容实际

结构是公文的骨架，内容是公文的血肉。公文内容不像文学作品那样要求运用各种写作手法，不像政论文那样要求理论深度和气势，不像新闻报道那样要求形象和生动，它只需要实实在在地把事情说清楚，把道理讲明白。这是很简单的要求，也是很难达到的要求，要求从头到尾贯彻实事求是的原则。

公文内容实际，是其有效发挥工具作用为公务活动服务的根本保证。《条例》（2012）第十九条规定，公文起草应当做到"一切从实际出发，分析问题实事求是，所提政策措施和办法切实可行""深入调查研究，充分进行论证，广泛听取意见"。通俗地讲，公文要求内容实际，就是要求公文写作者坚持实事求是，一切从实际出发，注重调查研究，了解和把握实情。

这看起来是很简单的要求，为什么这么重要呢？为什么公文写作者又常常做不到呢？我们接下来可以分析一下。

公文只有实事求是，才能为公务活动服好务。只有实事求是，一切从实际出发，理论联系实际，我们才能制定符合客观规律的切实可行的政策、措施，形成的公文才能对工作起到推动、促进的作用；反之，如果在公文工作中搞主观主义、本本主义、经验主义，由此形成的公文非但不能推动工作，还会对工作产生副作用，给国家和人民造成损失。

例如，上报的公文如果反映情况不实，为上级机关提供了假信息，就有可能造成决策失误；下发的公文在布置工作时如果不尊重客观规律、说大话、凭主观热情办事，或者不具体问题具体分析、照搬照套，就会搞瞎指挥，甚至造成严重损失。历史上，这样的教训也有不少，值得认真反思和汲取。所以，我们要记住一点，在公文工作中只有坚持实事求是，形成的公文才有生命力，才有价值，才能真正起到指导工作、推动工作的作用，才能完成其为公务活动服务的使命。

公文只有内容实际，才能为各级机关实施正确领导提供保证。实事求是，是党的思想路线，是党及党领导下的国家机关制定一切路线、方针、政策的思想基础。公文是各级机关实施领导和开展工作的重要工具，绝大多数路线、方针、政策、方略都是通过公文制定和传达贯彻的。在公文工作中能否坚持实事求是的原则，直接关系到制定的各项路线、方针、政策是否正确，直接关系到各项事业的成败，这是由公文工作的特殊地位决定的。在公文工作中能否坚持实事求是路线，也反映了一个单位的工作作风。

公文内容要求实，也是公文工作提质增效的内在要求。当前，在公文工作中，形式主义、文牍主义仍然存在，行文过滥、文风不正已成为两大顽症。一些地方下发公文时不问实际需要、不讲实际效果，滥发滥转，文件成山；一些公文内容脱离实际，假话、大话、空话、套话多，不能解决实际问题。这两大顽症不仅使公文的权威性降低，而且严重影响了工作的效率和质量。要消灭文山，改进文风，切实提高公文质量和办理效率，有必要大力倡导实事求是的作风，根除形式主义、文牍主义的思想基础。

我们说，公文作为主观认识的产物，是形成于公务活动中的客观事实的反映，是公务活动系统、完整、真实的记录。因此，公文要同实际工作情况相符合，既不能歪曲客观事实的真相，也不能脱离实际工作情况。公文也是处理公务的工具，是应公务活动的需要而产生的。形成、制发公文是为了推动、促进工作，是为了解决实际问题，不为公务活动服务的公文是没有价值的。要使公文内容实际，公文写作者需要从三个方面加以考虑。

第一，要做到真实、准确、不虚假。真实就是要做到公文内容忠实于实际情况，这是实施科学决策的基本保证。

公文写作不是搞文学创作，也不能闭门造车。公文写作者要以老老实实的态度和认真负责的作风，做到事实真实、内容可靠、数字无误、观点准确，有喜报喜、有忧报忧。

具体来说，公文写作者应该从以下几点入手：首先，如实把客观存在的事实写出来，对于什么事、什么人、什么时间、什么地点、什么样子、什么缘故，都要准确清楚地表达出来，不能作任何加工，不能粗枝大叶，道听途说，更不能随意制造事实和数据。其次，观点、结论是从对现实材料的分析中自然引出来的，不能想当然，不允许掺杂任何主观臆造的成分，不能从局部、个人利益出发歪曲事实、弄虚作假。最后，选择的材料要具有典型性，要能反映事实，以小见大，而不能以偏概全，以次充好，对于第二手材料，要反复验证，引文不能漏字漏句，篡改原文，也不能断章取义，随意曲解。

正如列宁所说的："如果从事实的全部总和、从事实的联系中去掌握事实，那么事实不仅是'胜于雄辩的东西'，而且是证据确凿的东西。如果不是从全部总和、从联系中去掌握事实，而是片断的和随便挑出来的，那么事实只能是一种儿戏，或者甚至连儿戏都不如。"

第二，做到充实丰富不空洞。公文写作者必须占有丰富的材料，有充分的论据，以增强公文的说服力，使接受者知其然并知其所以然。占有材料，是写作公文的基础，公文写作者要下大力气收集和占有材料，包括各种情况、典型事例、论点（提出问题）、论据（解决问题的实例和理论依据）等。然后将收集来的材料进行认真阅读和分析研究，选用与公文要阐述的问题有关、真实、新颖、典型、有代表性、能揭示事物本质的材料，根据需要组合在公文中。

还需要强调的是，仅仅有事实也是不够的，公文还应该有观点，有结论，在事实的坚实基础上得出有说服力的结论，做到"论从事出"。所以，充实与空洞的界线，不仅在于有没有观点和材料，关键在于公文有没有针对性，是否达到了观点与材料的统一。如果公文不提出问题，不解决问题，只罗列一些事实，不作科学的分析与综合，不演绎规律，不归纳结论，只是泛泛地重复现成的一般原理、结论、口号，便是苍白无力的。

第三，做到切实可行不浮泛。《条例》（2012）规定，"行文应当确有必要，讲求实效，注重针对性和可操作性"。这就是说，公文内容要切实可行，提出的政策、措施必须从实际出发、符合实际工作情况、符合事物的内在规律，能对下级机关的工作起到指导作用。

切实可行也是公文的生命力所在。一般而言，政策、措施的可行性包括四个方面：一是政治可行性，即某项政策、措施符合党和国家的政治原则，体现大政方针的要求；二是经济可行性，即实施政策、措施必需的资源是能够充分获得的，是不会产生难以承受的经济负担的；三是技术可行性，即将政策、措施付诸实施在技术上是可行的；四是心理可行性，即政策、措施的实施与受文对象及执行者的心理承受能力是相适应的。如果不具备这几个方面的可行性，公文必然是行之不远的。

这几个可行性的要求，从本质上说，是要求公文制定的政策、措施要符合现实条件的要求，充分估计各种环境因素对政策的影响与制约。也就是说，政策、措施的制定，要以现实可行为前提，坚持"按照实际情况决定工作方针"的原则，既作深入细致的调查研究，又作周到的科学论证；既要坚持政策制定的原则，又要坚持正常的程序；既要讲速度，更要讲质量；既要考虑需要，又要考虑可能，这样布置工作才能说到要害处、抓到点子上，有针对性地提出解决问题、指导工作的意见和措施，反映情况才能防止主观、片面，才能为上级提供全面、准确的信息。

要做到这一点，在工作要求上，就得有深入实际、联系群众、调查研究、踏踏实实、注重实效的工作作风。高高在上、脱离实际、脱离群众、不亲身实践，就不可能找到解决问题的根本方法，就不可能制定行之有效的政策、措施。公文写作者在起草前应该花大力气深入实际、到群众中去、踏踏实实地调查研究、全面准确地掌握实际情况，还要对客观情况认真分析研究，对拟定的政策、措施充分论证。

内容实际还要求，公文要有朴实、务实的文风，写短文、写实文。开门见山、直截了当，不文过饰非、不空话长文。所提的措施和办法要具体，有可操作性，执行者、执行的方法、步骤、责任都应讲清楚，不能太空泛，造成职责不清、措施不明。

第五关　逻辑清晰

公文写作属于理性化的写作，是逻辑思维的产物。公文的逻辑性，不同于议论文在论理层面的严谨缜密，而表现在文章的写作思路上。一篇好的公文，应该展现语言严谨周密的逻辑魅力，注重概念明确、判断恰当、推理合乎逻辑，熟练运用同一律、矛盾律、排中律等逻辑规律，使之结构合理、观点鲜明、逻辑合理。

大家都知道，毛泽东同志的文章既有思想的力量，也有艺术的感染力，还有强大的逻辑力量。中华人民共和国成立初期，一些报纸、杂志、书籍上的文字以及党政机关的文件在语言运用方面存在混乱状况，毛泽东同志注意到这一点，他要求规范语言的使用，强调写文章要讲文法、修辞、逻辑。他认为使用概念和判断进行推理的时候要有逻辑性；要注意各种词语的逻辑界限和整篇文章的条理；文章的开头、中间、尾巴要有一种关系，要有一种内部的联系，不要互相冲突，也就是说要注意文章的准确性、条理性和前后的一贯性。这些观点对于我们有很大的启发意义。

那么，公文中的逻辑性究竟如何体现呢？我们可以从三个方面来加以理解。

一是在确立主旨中体现逻辑思维。主旨是公文的灵魂和统帅，是通过文章的具体材料表达的中心思想或基本观点。公文要形成正确、新颖、有价值的观点，不能靠主观杜撰，而是要建立在材料的基础上，靠文章的逻辑来展现。毛泽东同志告诫说，写文章要处理好材料和观点的关系，强调材料应与观点统一，要把材料经过大脑的加工，贯通起来，形成自己的系统看法。这种从材料中获得主旨的抽象、概括过程，就是一种严密的逻辑思维过程。只有运用逻辑思维，公文写作者才能面对杂乱的材料理出头绪，梳成辫子，找到鲜明的主旨，写出规范的公文。

公文主旨的确立一般靠两种方法。一种是归纳法。归纳法是"特殊到一般"的推理方式，根据事物相同点抽象出事物本质特征的方式。例如，许多工作通知、意见等公文的制作，就是根据现实中的共同性问题，及时予以归纳作出的指导性意见。另一种是演绎法。演绎法是"从一般到特殊"的推理方式，依靠抽象思维的方式，舍弃具体表象，抽取出事物本质特征。演绎法的运作方式是"三段式"，即"大前提—小前提—结论"的推导方式。这种逻辑推理方式，多用于通报的"分析评议"和简报的"评论性按语"写作中，即运用抽象思维的方式，分析出事物（问题）的本质特征，写出切中要害、见解精辟、态度鲜明的话语。运用归纳法、演绎法揭示事物本质特征的逻辑思维能力，对公文写作形成精辟鲜明的观点至关重要，是公文写作成败的关键。

二是在写作思路上体现逻辑性。思考与研究任何一种现象，都有"类""因""果""法"四个角度，在公文的写作思路中也是这样。

"类"即"性质、类别"，回答"是什么"的问题，具体而言，在内容上体现为情况、现状、问题；"因"即"原因"，回答"为什么"的问题，在内容上体现为原因、做法；"果"即"结果""效能"，回答"怎么样"的问题，在内容上体现为成绩、收获；"法"即"方法""路径"，回答"怎么办"的问题，在内容上体现为措施、办法、要求等。

这种"类""因""果""法"的思路方向，将文章逻辑结构划分为四个逻辑单元，每个逻辑单元解决一个问题，它们分别是"是什么""为什么""怎么样""怎么办"。在公文的内容结构中，一般要正面回答这四个逻辑问题。但不同的公文，有不同的内容要求，其具体结构也会有所侧重。

我们来看看，在公文写作中，一般有三种主要的组合方式。

第一种，"果—因"（或"因—果"）关系组合。这种文章的内容是一种"果因"（或"因果"）的逻辑形式，即前一部分叙述结果，后一部分叙述原因（或前一部分叙述原因，后一部分叙述结果）。这样的结构形式多用于总结、工作报告。

第二种，"因—法"或"类—法"关系组合。这种组合一般为两个部分：第一部分说"因"——事情的原因或状况。第二部分说"法"——解决或处理问题的办法。这种形式多见于通知、通告、公告、决定、意见等文体写作中。

第三种，"类—因—法"关系组合方式，多见于调查报告的写作中。这种"三段式"的内容结构，第一段说"类"——"是什么"的现状、情况；第二段说"因"——什么原因导致这种情况的出现；第三段说"法"——解决问题的方法、路径是什么。

三是在段落排序中体现逻辑性。要想整篇公文体现清晰的逻辑性，那么，不仅是在主旨和写作思路上体现逻辑性，还要保证内容布局安排具有逻辑性，具体就是内容的分段以及段落之间的排序。

公文行文的排序逻辑，一般有两种。一种是时间顺序的逻辑，就是按照时间的先后次序，体现工作进展，如果将其行文顺序加以变动，就不符合逻辑了，这也体现了时间上的逻辑性和严谨性。例如，一个总结某个大型项目建设过程的总结报告，一般按照"项目设计、项目实施、竣工验收"这样的时间顺序来介绍，如果颠倒次序，既不符合实际情况，也不合乎逻辑要求。

另一种是意义顺序的逻辑。即在内容的排列顺序上，应关注轻重缓急，把最重要的内容放在第一段，把次重要的内容放在第二段，依次排列。例如，一篇《信息化工作座谈会纪要》，内容有三部分，排列顺序是："一、把握信息化工作的本质规律""二、明确信息化工作管理的思路""三、推进信息化工作的具体措施"。文章这三部分内容的关键词是"规律""思路""措施"，三项内容相比较，"规律"无疑是最重要的一项，也是文章的主旨所在，它应当放在第一段的位置统领全文，"思路"其次，"措施"再往后。

公文写作需要逻辑，但有的人由于逻辑思维能力不足，也常常导致写作中的逻辑性错误。我们对这些常见问题需要加以辨识，并且纠正。逻辑性错误的存在，使公文出现疏漏，降低了它的格调和严肃性。概括起来，常见的几种逻辑性错误主要包括：种属概念之间混淆使用、违反同一律、违反矛盾律等。下面我们针对这些逻辑性错误，说一说要注意哪些方面的情况。

第一种情况，要正确判断概念之间的关系。在日常生活中，常有公文写作者因为对一些字词的含义不了解，导致在写作时犯概念错误。公文是很严谨、逻辑性很强的文体，不允许出现这种低级错误。在写作公文过程中，如果遇到某个字词不认识或者不理解，公文写作者需要认真细致地查询并分析是否可以用到文章中，以及弄清楚概念之间的关系，绝不能混淆，以免犯错误。两个概念之间本该是种属关系的就是种属关系，不能混淆为并列关系，降低公文的严谨性。公文写作者在平时要多注意对字词的积累，加强对概念的认知和辨析，丰富自己的知识，为写作打好逻辑基础。举个例子，某单位一名同志给领导写材料时，将一组数字"1×1000"误写为"1000×1"，被领导狠狠地批评了一顿。这个写材料的同志很不服，问领导两者有何不同？领导训道："你去同一个餐厅吃1000次饭，与到1000个不同的餐厅各吃一次饭，能是一回事吗？"这是个段子，但很说明问题，这个同志在逻辑上犯了"概念混淆"的错误。

第二种情况，要正确运用同一律。在公文写作中，同一律是指在同一个时间、同一个条件之下要始终保持一种观点或一种概念。它的主要形式是"A就是A""如果A，那么A"。同一律在一定程度上保证了公文思维逻辑的确定性，确保了文章逻辑严谨。违反同一律的主要形式是偷换概念，也就是说在公文写作中，把大概念和小概念彼此调换了；或者以偏概全，以小代大，以次充好。其共同特点都是一开始说"A就是A"，说着说着就变成了"A就是B"，至于A和B是不是同一个事物，往往就顾不得了。例如，你在写一篇关于海外市场开拓的情况报告，那么在这个既定的主题下，内容的范围就是海外市场开拓，如果写着写着把这个概念扩展到对外合作上，把引进外资的内容也写进去了，那很明显就是混淆了概念。正确运用同一律，要求我们在同一条件下、同一时间内能够确保思维不紊乱，如果要从一个概念跳跃到另一个概念，一定要说清楚二者之间的关系，保持逻辑的完整与周延。

第三种情况，要正确运用矛盾律。矛盾律是指在写作公文的过程中，总需要用到很多观点，但是在一篇文章中不能出现观点相互矛盾的情况，如若A和B相互矛盾，也就是A若是真的，那么B就是假的，两者不能相容。整篇文章在同一个思路下，观点得统一，是什么就是什么，不能前后矛盾，出现"自打脸"的情况。例如，写一篇关于要求加强资金集中管理的文章，那么围绕这个主题，就要说清楚这样做的必要性，如加强集中管理有利于提高管理效能、有利于防控风险等，如果说着说着又说到集中管理不利于调动下级单位积极性等观点上来，那观点就互相"打架"了，会使这篇公文的权威性和说服力荡然无存。所以，自相矛盾是公文写作中的一个大忌，它不仅会影响公文的严谨性，也会使公文的逻辑紊乱，打乱文章的结构。

第四种情况，要注重理由充足的可靠性。理由充足在公文写作中起到很重要的作用，它的形式是由B可以推出A，如果B是真的，那么我们可以进一步推出A也是真的。这就是说，在一个理由充足的条件下，在判断和推测中有一个逻辑的联系，要推测一个结论，先要保证用来推断的理由是正确的，不然将会出现理由不正确的错误，那么在判断和推测之间的逻辑关系断裂，结论就不能推导出来或者不成立。也就是说，只有理由充足和依据正确，才能推断出观点。

　　所以，我们在写作公文的时候，一定要有充足的理由去验证观点，才能把这个观点写在公文中。例如，有人说："我不是法官，我还学什么法律！"具备逻辑知识的人很容易发现其错误所在，而且反驳起来也容易切中要害。我们稍加分析便不难发现，这话实际上是一个省略的三段论推理，中间那句省略的是小前提："我不需要懂法。"此推理尽管前提真实，结论却是虚假的。因为它违反了三段论推理规则"前提中不周延的项，在结论中也不得周延"，从而犯了"大项扩大"的逻辑错误。

第二课
Lesson Two

公文写作的要领和注意事项

公文写作者在写作时要注意哪些要领和注意事项呢？这一课我们从几个方面来加以探讨。

要领之一　规行矩步

公文写作的第一大要领是，认真严格遵循公文写作的基本规范和特定要求，我们称为"规行矩步"。特别是法定公文的写作和使用，更要严格按照相关的格式和行文规则，否则就会成为不合格的公文。

第一，要正确把握公文格式要求。前面一课我们讲到公文质量的衡量标准之一就是格式规范，详细讲解了格式规范的重要性和基本要求。这里再进一步说明在具体写作中如何遵循和运用格式规范。

《条例》（2012）、《格式》（2012）以及《国家标准应用指南》等文件，对党政机关的公文文体、格式要素、文面式样和版面形式做了详细、严格的规定和解释。公文写作者应该以《条例》（2012）和《国家标准应用指南》为工作的基本原则，将其作为"案头书"。

前面提到，《条例》（2012）指出：公文一般由份号、密级和保密期限、紧急程度、发文机关标志、发文字号、签发人、标题、主送机关、正文、附件说明、发文机关署名、成文日期、印章、附注、附件、抄送机关、印发机关和印发日期、页码等组成。这18个要素按其所在的位置，又可分成眉首（文头）部分（前6个要素）、主体部分（中间9个要素）、版记（文尾）部分（最后3个要素）。

先说文头，一共有6个要素，分别为份号、密级和保密期限、紧急程度、发文机关标志、发文字号和签发人。

在一份红头文件中，发文机关标志、发文字号和签发人一般都是有的，份号、密级和保密期限、紧急程度则根据情况添加。

再看公文主体，一共有9个要素，分别是：标题、主送机关、正文、附件说明、发文机关署名、成文日期、印章、附注、附件。

标题一般是发文机关全称（或规范化简称）+关于+事由+文种，是以发文机关名称和内容为限定修饰成分的偏正词组。标题要简明准确，既能揭示公文主要内容，又能体现行文主旨与行文关系。要避免几种常见错误，如无文种或错用文种，标题不能反映文件主旨或不精练，以及在标题中增加不必要的标点符号。

主送机关是公文的主要受理机关，应当使用机关全称、规范化简称或同类型机关统称。要避免的情况是：称呼不规范，主送领导者个人以及主送单位党政不分。

正文是公文内容表述的主体，要充分反映行文意图，观点鲜明、条理清楚、简洁通畅。

正文要做到几个方面的规范。

一是首次引用其他公文要规范。按照"发文机关+公文标题+文号"的方式引用，如"根据财政部《关于××××的通知》（财资发〔20××〕×号）要求"；公文标题中能体现发文机关的，按照"公文标题+文号"方式引用，如"根据《国务院国有资产监督管理委员会关于××××的通知》（国资发〔20××〕×号）要求"。

二是文中图表使用要规范。公文正文中不能夹带图表，能通过简短语言叙述的，用语言叙述，不易用语言叙述或相对复杂的，以附件形式解决。

三是结构层次序号要规范。文中结构层次序号一般是："一、""（一）""1.""（1）"，如果只有两个层次，层次序号可以是："一、""（一）"或者"一、""1."，但是同一篇文稿中不能交叉使用。

四是结尾用语及标点要规范。结尾要求简洁、规范，避免语言累赘、过分拔高、要求失当等问题。结尾用语标点用句号，不宜用"？"或1个及多个"！"。

附件说明的正确使用方法：在正文下空一行左空二字编排"附件"二

字，后标全角冒号和附件名称。如果有多个附件，使用阿拉伯数字标注附件顺序号（如"附件：1.××××"）；附件名称后不加标点符号。附件名称较长需回行时，应当与上一行附件名称的首字对齐。

正文之后是发文机关署名、成文日期和印章，成文日期一般右空4字编排，用阿拉伯数字将年月日标全。印章端正、居中下压发文机关署名和成文日期，避免出现三要素不全或发文机关与印章不一致的情况。

附注居左空二字加圆括号编排在成文日期下一行，介绍公文印发传达范围等需要说明的事项，不是对正文内容的解释。请示件需注明联系人。

附件应当另面编排，并在版记之前，与公文正文一起装订。"附件"二字及附件顺序号用三号黑体字顶格编排在左上角第一行，不加冒号。附件标题居中编排在第三行。附件标题应当与附件说明的表述一致。

最后是版记，包括抄送机关、印发机关和印发日期、页码。

需要注意的是，抄送机关是除主送机关外需要执行或知晓公文的机关，应使用机关全称、规范化简称或同类型机关简称。抄送机关超过一个时，依次按照上级机关、同级机关、下级机关的顺序排列。向上级机关行文，不抄送下级机关。联合发文时，联合发文单位不作为抄送机关。

上述可见，公文的每一个要素都有明确的使用规范，不能随意改变，很多都体现在使用和表述的细微之处，公文写作者需要掌握这方面的知识，才不容易出现差错。

格式要求主要针对的是法定公文，对于事务性公文而言，格式没有那么严格，但也有一些约定俗成的体例和范式要求。例如，调研报告的写作，基本格式要素一般包括开头、现状调查、存在的问题、建议几个部分，不能把调研报告写成总结材料。

在每个单位，除了红头文件，还有一些内部行文，俗称"白头文件"，以及工作函件、请示件、批阅件、办文要报等。各单位会因地制宜制定一些内部的公文格式规范要求。这也是公文写作者需要掌握和遵循的。

第二，合理使用公文文种。《条例》（2012）规定了决议、决定、命令（令）、公报、公告、通告、意见、通知、通报、报告、请示、批复、议案、函、纪要等15个文种的撰写规范。每一个文种都有特定的适用范围和使用要求，需要准确把握。公文写作者可以结合自己的实际工作，去参照、学习、消化。

行文主旨意图决定了文种的选择使用。例如，要告知公文对象某件事情，用到的就是通知。要向上级提出请求，就需要用到请示。要与相关方进行工作的沟通和商洽，用函就比较合适。某种程度上说，文种是形式的范畴，使用什么样的文种，主要是根据行文的目的和主旨来加以选择的。

不同种类的公文除了作用不同，也体现发文机关与受文机关之间关系的不同。文种的使用要与行文关系相一致。行文关系包括上行文、平行文和下行文，体现为工作位阶和管理层级的差异。不同的行文关系，涉及的文种选择、语气口吻等不同。

特别强调一下，请示和报告是公文写作中的易错文种，需要加以注意。请示带有请求事项，需要上级予以答复；报告则只是报告情况，上级看了就可以，不一定予以回复。所以请示和报告适用不同情况，不能混淆。

在使用请示和报告的时候，如果对要求的掌握不到位，会出现生造文种、文种重复、无文种等错误情形。例如，"××公司关于××××事项的申请""关于××××的汇报"都属于生造文种，分别应改成"请示"和"报告"。

"关于××的请示报告"，属于文种重复，要么是请示，要么是报告，不能重用；"××公司关于申请××××的请示"，表述不简洁，"申请"应该去掉。

"关于××××的若干措施""关于××××的工作进展"都属于无文种，需要视情形在后面加上"请示"或"报告"。

"关于××××的调查报告""关于××××的统计报告"都属于文种

错误，要改成"关于××××的报告"，也就是说，只有"报告"这一个文种，而没有"调查报告""统计报告"等用法，正确的使用应该是"关于××××情况调查的报告""关于××××统计情况的报告"。

第三，公文的行文规则不能弄错。公文有一定的行文规则，这些规则的形成都是为了保证公文流转的高效和公务的有效开展，在实践中不能随意逾越。

例如，一般情况下公文是一文一事，而不能一文多事，尤其是请示、通知、批复等文种，一文一事才能保障公文处理更加及时快捷，所以不要为了图省事而变成一文多事，反而影响了效率。

又如，公文尤其是法定公文原则上要求都是公对公，不能轻易出现私对公、公对私、私对私的情况，这体现了"公文姓公"的特点，每一个人在签发和接收公文以及办理公文所涉事务时，都是在履行职务所赋予的权责，而不是一种个人行为，而以私代公则不符合公文的行文规则。

再如，公文需要逐级行文，而不能越级行文，也不能多头行文。这些不符合行文规则，既是不专业的表现，也会给公文后续的处理和执行带来很多障碍。

第四，公文流转要符合要求。公文处理的每个环节都有严格的程序规定，是一项制度化、程序化、精细化程度很高的工作，遵守公文流转程序和规范要求，有利于保障公文合规合理，最大限度地缩短行文时间，提高工作整体效能，及时充分发挥公文效用。

从发文来说，基本程序是：拟稿、核稿、签发、校对、印制、用印、登记、发送、归档。为了保证质量，一定要先核后签，印制前还要认真校对，做到"一字入公文，九牛拔不出"。同时要遵循密来密去的保密准则。

收文基本程序一般包括：签收、启封、登记、审核、拟办、批办、分送、承办、催办等环节。审核的重点包括：是否急件、限办件，是否属本单位办理，是否符合行文规则。

对收文进行分类时，一般分为办件、阅件。需要答复、汇报、落实、反馈结果的为办件，仅为阅知的为阅件。来文需办事项属日常性业务或承办部门有明确分工的，按照职能分工直接分办。

请示、报告中涉及全局性、政策性、指导性或重大问题的，以及按照职能分工不易明确具体承办部门的，提出拟办意见送有关负责人阅批。涉及两个以上承办部门的，应明确主办部门。

机要文件运转由机要文书负责，不得由无关人员转手、交接、传递；拆封除注明"亲启"外，均由机要文书人员拆启。单独登记机要文件，涉密文件要与非涉密文件分开登记。机要文件传阅中以机要文书人员为"点"，阅件人相互之间不得横传文件。

送领导传批、传阅的公文，原则上按照领导同志的排序，依次呈送。传批件由后向前送批，传阅件由前向后送阅。领导之间一般不横传文件，应由公文办理人员进行传递。

来文出现重大纰漏的，如多头主送、请示事项不明、缺页少字等，应作退文处理；若为一般问题，如个别格式不规范等，应先办理并提醒来文单位，以免误事。

需要归档的公文及有关材料，应当根据国家档案法和各单位有关规定，及时收集齐全、整理归档。个人不得保存应当归档的公文。两个以上机关联合办理的公文，原件由主办机关归档，相关机关保存复印件。

要领之二　量体裁衣

公文写作不是千篇一律的，要具体情况具体分析，具有较强的针对性，符合特定的情境和需求。也就是说，公文写作者要根据特定的写作目的，选择合适的文种，采用正确的写法，针对具体的情形，把握写作的特点。

第一，在文种使用上，每一个文种都有它的适用范围，也有各自的文种特点、语言特点、结构特点。这些都是要准确把握和运用的。我们结合几种常见的文种来看一下。

决定，其适用于对重要事项或重大行动作出决策和部署，奖惩有关单位及人员，变更或撤销下级机关不适当的决定事项。在文种特点上，决定是下行文，具有权威性、重要性和强制性。在语言特点上，决定用语严谨，要求明确，行文严肃，语气果断，语言简练，多使用陈述句和祈使句。在结构特点上，决定一般先说缘由（依据），再说决定事项，平行罗列，最后说工作要求。

意见，其适用于对重要问题提出见解和处理办法。在文种特点上，意见可以是下行文，也可以是平行文或上行文，具有灵活性、针对性、指导性和原则性，带有指导、宣传、引导、说明、阐释意见等方面的作用。在语言特点上，意见较多地使用说明的表达方式，说理简明扼要，不展开论述，语气相对缓和，不使用命令性的强制口气。在结构特点上，开头概括说明缘由、目的，在主体结构安排上，先写总体要求、指导思想、主要目标，后写具体指导意见、措施要求。结尾简单提出执行要求，但一般不作强制性规定。

通知，其适用于发布、传达要求下级机关执行和有关单位周知或者执行的事项，批转、转发公文。在文种特点上，通知是下行文，适用范围广、使用频率高、行文灵活。在语言特点上，通知要求明确，范围清晰，语句简练，态度坚决，便于准确理解和执行。在结构特点上，开头简要说明通知缘由，正文主体对通知事项进行部署安排，结尾视情况提出工作要求。

报告，适用于向上级机关汇报工作、反映情况，回复上级机关的询问。在文种特点上，报告用于上行文，具有汇报性、陈述性、单向性。在语言特点上，报告语言要体现组织观念，真诚尊重上级，反映情况、陈述意见、提出请求等都要实实在在，语气平和、肯定，不使用请求的口吻和语气。在结构上，正文主体前，先概括说明诸如工作背景、过程、总成绩及所报告内容的总评价等，然后在正文主体进行分述，即将报告的内容有条理、分层次或分条列项逐一加以具体叙述说明。

请示，其适用于向上级机关请求指示、批准。在文种特点上，请示也是上行文，具有请求性、回复性、先行性、单一性。在语言特点上，请示用语要谦恭、恳切，以示对上级的尊敬和对所请示事项、解决问题的急切心情，理由陈述充分，提出的解决方案应具体，切实可行，层次表述清晰，无逻辑错误。在结构上，其主要由请示缘由、请示事项、结束语组成，主体主要说明请求事项，具体、明确、条项清楚，只宜请求一件事。结束语一般用请予批复。

批复，其适用于答复下级单位请示事项。在文种特点上，批复是下行文，具有被动性、针对性、指导性和简要性。语言上态度明朗，语气肯定，所提要求清晰、明确、简洁，体现上级行文的权威性与约束力。在结构上，先说批复根据，包括来文标题、文号等，再说批复内容，即针对请示中提出的问题所作的答复，最后是工作要求，包括做好哪些工作、注意事项等。

函，其适用于不相隶属机关之间商洽工作、询问和答复问题、请求批准和答复审批事项。在文种特点上，其是平行文，具有往复性和简便性。在语言上，函开门见山，直叙其事，措辞得体，语气平和、礼貌、恳切，简明扼要，一文一事。在结构上，开头说明发函的缘由、根据，主体作为函的核心部分，主要说明致函事项，有的结尾用礼貌性语言向对方提出希望或请对方协助解决某一问题，或请对方及时复函。

纪要，其适用于记载会议主要情况和议定事项。在文种特点上，纪要可上报，可下发，也可用于互通情况，具有概要性、决议性、备查性。语言要求准确、严谨、规范，概括全貌，忠实原意，归纳提炼，明确简洁。结构上一般由三部分组成，开头写会议概况和基本要素，主体主要是议定的事项，逐项或逐条记录。一般会议纪要不写结尾。

第二，公文写作者除了把握各文种的要求，在具体的文稿写作上，还

33

要根据具体的情形、特征和要素来确定相应的写作思路和写法，做到为时而作、为事而作，贴近需求，量体裁衣。

很多重要公文多是"遵命"写作、职务作品，在很大程度上，不是取决于个人的主观想法，而是取决于具体公文的内在要求和行文意图。根据公文的用途和目的不同，对象和场合不同，文体特征不同，写作的要求和技法也不同。

例如，起草领导讲话稿，要适当活脱些，文字可以口语化一点；起草决定、决议、通知类文稿，必须严谨，用书面语；如果是工作总结，则与经验材料性质类似，但前者要细，后者要精等。

而同样是讲话稿，在不同的情境和场合下，面对不同的受众和话题，写起来也不一样。例如，动员会讲话就要有气势一些，能充分调动人的情绪；工作部署会讲话应该要求明确，措施具体，任务清楚，安排得当；表彰会讲话就要烘托热烈喜庆的氛围，积极昂扬一些；交流会讲话则要体现互动性，有思想上的探讨和工作上的交流。诸如此类，都应该体现因地因时而异。

公文使用人的职责身份不同，在写作上也要有所区别。例如，现在中共中央在党建方面要求"党政同责、一岗双责"，对于党政分设的国有企业而言，党委书记和总经理都要强调抓党建，就要体现不同职责的不同特点。党委书记讲党建侧重于贯彻落实党中央的指示和要求，部署党建工作要更加全面，政治站位要高，内容要全覆盖。总经理讲党建则侧重于围绕生产经营等中心工作，落实"一岗双责"，发挥党建对企业发展的促进作用。

▌抓住四个要点

写作一篇好的公文，除了遵照规范和特定要求及增强具体针对性这两大要领外，还要把握好四个要点，那就是：想清楚，说明白，有特色，可操作。

第一是要想清楚。公文写作，立意和构思是第一位的，技巧是第二位的。公文写作者在动笔前，先要想清楚，多问自己几个为什么：为什么要写这篇公文？写这篇公文是为了解决什么问题？问题产生的原因是什么？重点、难点、焦点在哪里？如何解决问题？有什么办法和措施？这些办法和措施有没有可操作性？……把这些问题都研究清楚了，文章的立意也就准确了，主题也就明确了，重点也就突出了，观点也就清楚了，就不会出现不知道要写什么、不知道在说什么的困惑。

只有公文写作者想清楚了，公文的受众才能看明白。甚至可以毫不夸张地说，动笔前问自己的问题越多，对问题的回答越充分，表明对这篇文章想得越清楚，自然就能写得越好。写作公文最忌讳的就是，一接到写作任务，不假思考，立刻奋笔疾书，这样写出来的公文，要么由于缺乏全局考虑，切入的点过于片面，容易忽视写作的要点，要么逻辑上混乱，不能自圆其说，不具备对工作的指导作用。所以，凡事预则立，不预则废，对于写作公文也是一样的道理。动笔前不先想清楚，或者思维混乱，想不清楚，必定导致写作失败。

1960年，大庆石油会战一开始，大庆会战领导小组以石油部机关党委的名义作出了《关于学习毛泽东同志所著〈实践论〉和〈矛盾论〉的决定》（以下简称《决定》），号召广大职工学习毛泽东同志的《实践论》和《矛盾论》及其他著作，用辩证唯物主义的立场、观点、方法，认识油田规律，分析和解决会战中遇到的各种问题。在会战开始后，面对种种矛盾和重重困难，余秋里等会战领导者认为，面对错综复杂的各种矛盾和困难，从领导思想上不能就事论事，头痛医头，脚痛医脚，必须透过现象看清本质，抓住主要矛盾和矛盾的主要方面。

为此，会战领导小组下发了这一《决定》，组织全体会战队伍认真学习毛泽东同志的《实践论》和《矛盾论》。油田广大职工通过学习"两论"，认识大庆油田的具体实际和开发建设的规律，分析和解决了会战中遇到的各种问题，取得了油田会战的巨大成功。以至于今天大家都说，大庆油田是靠"两论"起家的。

这就是一个典型的例子。一个好的文件，前提是对其行文意图、任务部署、工作要求和希望起到的作用想得很清楚，这样文件才能对实践起到真正的指导作用。

第二是要说明白。想清楚的事情，还要把它准确无误、明明白白地表达出来。这就要求，把形势讲明白，把道理讲明白，把问题产生的原因讲明白，把措施讲明白，该突出的重点要突出，该强调的意见要强调，使脑子里想清楚的，变成纸上写清楚的，变成受众能够看明白的、听明白的。

内容要说明白，逻辑也要清楚，层次要分明，语言要简洁明快。要提高文字表达方面的能力，一方面需要多读与多写的长期积累，另一方面也需要掌握一些写作技巧与方法，这些内容将在后续的课程进行介绍。

下面，先看一篇由周恩来同志起草、毛泽东同志改定的例文，体会一下什么叫作"说明白"。

《中共中央关于召开七届二中全会的通知》

（一九四九年二月十一日）

东北局、华东局、华北局、中原局、西北局、豫皖苏分局，林罗聂、董薄、彭叶赵、克诚、刘陈邓、粟谭、彭张、向前、瑞卿并转现在各局各前委工作的中央委员、候补中央委员同志：

中央定于三月一日起在原驻地召开第二次中央全会，会期五天至七天。你们接电后，望即布置现在各中央局、中央分局、各前委工作的中央委员及候补中央委员除留必要的人主持工作外，均应尽可能地按时到达，并即将到会的与留下主持工作的同志名单，先行电告。西北野战军因作战在即，德怀同志是否能到会请加考虑。向前同志病体如不便车行，可不来参加。郑位三、陈少敏两同志现在养病期中，请东北局、华东局分别通知他们考虑是否能来，如不便远行亦可不来。现在港、沪的刘晓、刘长胜两同志因路远不可能参加。李井泉、陈丕显两同志不是中央委员，因为他们各担任一个方面的工作，应邀他们参加此次会议。

中央

二月十一日

• • •

这篇公文最显著的特征就是用语朴实，简单明了。仅仅七句话，就把与会者开会的时间、地点、会期等会议通知的基本要素，以及参会人员名单的反馈，部分同志应否到会的考虑都说得清清楚楚，不穿靴、不戴帽，无空话、套话，开门见山，直奔主题，有的放矢、简洁明快，让人一看就懂，一说就清，一听就明，正所谓"要言不烦，文约意丰"。

初读这篇通知，可能有人不相信这是党中央的会议通知，因为与现在的文风差距太大了。当然，这与当时战争年代特殊的历史环境有关，一切讲求实用、管用。从这份会议通知中，我们可以看出，什么样的文风才是好文风？这就是：简洁明了，平实易懂，言之有物，实在管用，归结起来三个字"短、实、新"。

第三是要有特色。公文虽然是一种格式化的文体，但并不等于呆板，更不是人们通常认为的千篇一律的"打官腔"，千万不能简单地把公文认识为

"天下文章一大抄"，下级抄上级，各级抄中央，靠复制粘贴就能完成，而是因不同工作、不同场合、不同对象、不同领导者的个性风格不同而千变万化的。特别是讲话稿、调查研究、经验介绍之类的文章，更要体现特色。

公文的特色体现在内容之中，也体现在行文之中。从宏观层面来讲，要体现时代特色；从中观层面来讲，要体现行业特色、所在单位特色；从微观层面来讲，要体现某项工作特色。遣词造句也要凸显特色。好的公文，内容上特点鲜明、亮点纷呈，表达上自然生动、引人入胜。

第四是要可操作。公文是一种交流和管理工具，以实用为目的，不但要求事实清楚，理由充分，论述有据，而且强调可操作性，要实在可行，避免空泛。否则，就是中看不中用，于事无补，失去公文的本来意义。

例如，部署工作的公文，每一条措施都应在现实工作中切实可行：什么时间完成？由谁负责？具体怎么干？完成什么目标？取得什么效果？这些内容在每一条措施中都应该一一明确，缺少了这些内容，公文的可操作性都会受到影响，工作措施就难以落到实处。

公文固然需要思想和理论的指导，但一定是把思想性融入工作实际，把理论与实践有机结合，具有对现实的指导意义。要坚决摒弃满篇都是正确的废话、空洞的套话、真实的假话的"八股文风"，防止以文件落实文件的"空对空"，增强公文内容的可操作性，发挥公文的实用价值。

此外，不论何种公文，都必须符合法律、法规和政策、制度的要求。公文本身也可能成为法律、法规和政策，所以要特别强调开放式写作，走群众路线，征求相关意见，集中大家智慧，从而写出切实可行的公文，使公文内容尽可能贴近客观实际。

▌把握四个特性

公文应该具有什么特性，具有什么特点的公文称得上好的公文？对此，毛泽东同志有过精辟的概括。在《工作方法六十条》中，他写道：

> 文章和文件都应当具有这样三种性质：准确性、鲜明性、生动性。准确性属于概念、判断和推理问题，这些都是逻辑问题。鲜明性和生动性，除了逻辑问题以外，还有词章问题。现在许多文件的缺点是：第一，概念不明确；第二，判断不恰当；第三，使用概念和判断进行推理的时候又缺乏逻辑性；第四，不讲究词章。看这种文件是一场大灾难，耗费精力又少有所得。一定要改变这种不良的风气。做经济工作的同志在起草文件的时候，不但要注意准确性，还要注意鲜明性和生动性。不要以为这只是语文教师的事情，大老爷用不着去管。重要的文件不要委托二把手、三把手写，要自己动手，或者合作起来做。

我们看到，毛泽东同志在这里概括了公文应当具有的三个特性：准确性、鲜明性、生动性，同时指出了违背这三个特性所表现的一些突出问题，以及如何做到这三个特性的一些方法，对我们今天的公文写作依然极具指导意义。除了准确性、鲜明性、生动性，我认为，公文还应该具有简洁性。

第一是要具有准确性。即包括观点准确、事实准确、文法准确、逻辑准确。要做到准确，首先需要对情况的熟悉把握，需要扎实严谨的工作态度。用字用词要准确，不能出现错别字；句子要通顺，不能出现病句、有歧义的句子；标点要适当，不能胡乱用标点符号；语言要规范、严肃，不能出现官方发布的禁用词，特别是在使用一些政治语言时，必须与党和国家正式文件或新华社的表述保持一致。

在事实准确、数据准确、文法准确的基础上，公文写作者要正确地运用概念、判断和推理等逻辑思维方法，得出准确的结论和观点，把握事物的本质和规律，对客观世界有准确的理性认识，这是准确性的更高要求。

第二是要具有鲜明性。就是观点鲜明，主旨突出，论点明确，一目了然。公文的主要目的是表达观点和主张，以起到统一思想、指导工作、推动实践的效果。在正确认识事物得出观点的基础上，还要鲜明表述观点，让人一看就知道公文主张什么、提倡什么，赞成什么、反对什么，讲什么道理，提什么要求。只有这样，才能最大限度地提高公文表达的效率和观点的效果。

所以，公文写作要始终围绕形成观点、表达观点来进行，在构思时要重点思考和提炼观点，在语言上要直陈观点，而不是含含糊糊、模棱两可，在表述方式上提倡直入主题、开门见山，开篇亮出观点，内文段头明旨，用鲜明的观点和态度提高公文的说服力。

第三是要体现生动性。就是语言活泼，生动形象，表达独特，深入浅出。公文写作虽然以理性化思维为主，但并不意味着语言是生硬死板、枯燥乏味的。要想很好地表达观点和逻辑，既需要丰富翔实的素材和论据，也需要通过生动、形象、清新的表达方式，以及对修辞手法的合理运用，名言典故的适当使用，甚至独特的语言风格，来增强公文的可读性和亲和力。

第四是要追求简洁性。就是结构紧凑，条理清晰，要言不烦，文字简洁。简为文章之至境。能在有限的篇幅里，表达更多的信息和有价值的观点，是认识水平和表达能力两个方面高度结合的表现。简洁也是公文传播效率的内在要求。公文在结构上要清晰紧凑，不累赘臃肿，在语言表达上要简洁精练，不拉拉杂杂，啰啰嗦嗦。

准确性和鲜明性，更多侧重于公文内容上的要求，依靠认识和逻辑。生动性和简洁性，更多侧重于形式方面的要求，依靠词章和文法。所以一篇好的公文，这几个特性是不可偏废的，也是内容与形式两个方面的高度结合。

第三课
Lesson Three

常用法定公文写作攻略

前面讲了一篇合格公文的五个要素，以及写作公文的注意事项。这些是对所有公文的共性要求，接下来的两课，我们将分别探讨法定公文和事务性公文的写作。这一课先说法定公文。

法定公文是具有规范体式的文书，是进行公务活动的重要工具。关于此类公文的定义，《条例》（2012）第三条明确规定，"党政机关公文是党政机关实施领导、履行职能、处理公务的具有特定效力和规范体式的文书，是传达贯彻党和国家的方针政策，公布法规和规章，指导、布置和商洽工作，请示和答复问题，报告、通报和交流情况等的重要工具。"

《条例》（2012）中，列举了15种法定公文。在这一课中，我们将重点讲述通知、通报、请示、报告、函、纪要等几种常用法定公文的写作方法。

公文姓公

从《条例》（2012）对公文的定义来看，公文在公务活动中产生，又在各项公务活动中发生效力和作用。它属于应用文范畴，又是一种特定的应用文，除具有应用文的一般特性外，还有四个显著特点，即法定作者、法定效力、特定格式、特定作用。所以我们说，公文姓公、公文为公。

第一个特点，具有法定作者。一般而言，写文学作品、新闻稿件、学术文章等，都是文责自负，"谁署名、谁负责"。公文则不同，它的写作是为机关代言、为领导代笔，属于职务作品，归属于单位或使用者所有，文责由最后签发者来承担。公文不能谁想写就写。谁来起草、谁来修改、谁来审核、谁来定稿签发，是由规章制度按照内部分工明确规定的，不是执笔者个人的自主行为。一篇公文，无论是一个人执笔完成的，还是集体讨论、分工合作的产物，在制发过程中，除了起草人，还有审核人、签发人的贡献。公文发出去以后，就代表单位的水平和形象。所以，公文的作者不是起草者，而是发文单位，落谁的款、盖谁的章就是谁。这就是"法定作者"的含义所在。

第二个特点，具有法定效力。公文是国家机关依法行政的工具，源于党政机关的管理和公务活动，服务于党和国家的管理，体现党和国家的意志。公文由法定机关或组织制发，代表法定机关或组织的意图，在法定机关或组织的权限范围内具有法定权威性和约束力。发文机关或组织的职权范围越大，公文的权威性就越强，作用的范围就越广。公文具有法定的现实执行效用，也就是说，对受文者及其他有关方面的行为具有强制性影响。例如，在规定的时间、空间范围和机构、人员范围内强制执行；强制阅读、办理；强制复文等。公文所涉及的管辖范围内的所有单位和个人必须贯彻执行，不能置之不理，自行其是。

第三个特点，公文有特定格式。公文有自身独特的行文方式和体例要求，这一点我们在前一课已经说了很多，这里再补充一下。首先，公文文体要合乎规范性。文体是指公文的语言体例，也就是语体，包括语言、字词、文种、风格。公文写作者要有强烈的文体、文种意识，注意公文的书写格式、语体特点。《条例》（2012）规定，每一种公文适用一定的范围，表达一定的内容，相互之间不能混用。其次，公文结构要有逻辑性。公文写作思维方式主要是逻辑思维，通过概念、判断、推理，通过综合、比较、论证形成写作思路，完成写作任务，多用说明、叙述、议论的表达方式，慎用文学手段。再次，要注重文风的平实性。公文的目的在于表达政策意图，这就要求准确、鲜明、生动，力戒说大话、空话、假话、套话，不能言之无物，也不能哗众取宠，要实实在在，明明白白。最后，要追求表述的简明性。力求结构简约、层次清楚、语言简洁，在把事情、想法写清楚、写明白、写透彻的前提下，文字越简练越好。做到情况属实、观点明确、文字精练、条理清楚、文字干净。

第四个特点，公文有特定作用。公文作为党政机关传递政令、沟通信息、推动公务活动开展的文字工具，具体有以下作用。

一是规制指令作用。公文是用来发号施令的手段，是实施领导和管理的载体，发挥着规范控制、令行禁止、组织协调的作用。在党和国家机关所使用的公文中，有很大一部分用来制定和发布全国或地方性的各种法律、法规和制度，它规范人们的行动，要求必须坚决执行，国家以强制力保证它的权威性。

二是明事通情作用。各级各类领导机关在实施管理职能、开展公务活动中，在上下左右之间，需要经常联系工作、交流信息、沟通情况、商洽问题、凝聚共识、取得配合。公文作为明事通情手段在工作中广为应用。例如，通过制定决议、发布意见来统一思想认识，做到步调一致，以提高工作效率；通过发布通知、通告来规范不良倾向，保证公务活动正常有效运转等。

三是参谋决策作用。各级各类领导机关在决策和决策实施过程中，离不开信息的搜集、处理和运用，离不开调查研究和征求意见。公文以其法定的渠道，满载各种信息为资治辅政服务。例如，调查报告、经验材料等公文，反映了情况，揭示了问题，提供了对策，是以文辅政的直接体现。

四是宣传舆论作用。各级各类领导机关在推动工作和实施管理时，需要有效的宣传舆论支持。公文的贯彻执行是宣传舆论的核心，它具有较强的政策性和理论性，发挥着阐明事理、形成共识，提高受众觉悟和认识水平的宣传教育作用，是教育培训的好教材，特别是指导意见、会议纪要、表彰性通报等公文，更是有明显的宣传教育作用。

五是商洽联络作用。各级各类领导机关之间有许多事情需要商洽、介绍和联络，以便互相理解、支持和配合，发挥整体协同效应。在这个过程中，公文写作不可或缺。通知、通报、报告、请示、函都有信息交流、商洽协调的功能，成为各级各类领导机关之间相互联系的桥梁和纽带。

六是存储凭证作用。公文是各级各类领导机关职能活动的真实记录，是研究和处理问题的基本依据。上级发布的公文，是下级开展工作的依据；下级上报的公文，是上级决策的依据；本级机关自己制作的公文，是自己履行职能、开展工作的真实记录和依据。公文在执行的时候是这样，成为档案之后更是这样。某种程度上说，公文具有历史文献作用，特别是记载一些重大历史事件的公文，其历史价值就更大，是后人回顾历史、钩沉往事最可信的依据。今天的公文，就是明天的历史，这并不是虚言。

通知与通报

通知和通报是日常工作中最常使用的文体，也是许多人接触公文的起点，我们先从这两种文体讲起。

通知，是向特定受众对象告知或转达有关事项或文件，让受文对象知道或执行的公文。《条例》（2012）明确规定：通知适用于发布、传达要求下级机关执行和有关单位周知或者执行的事项，批转、转发公文。通知具有多样性功能，传达指示、布置工作、发布规章、传达有关事项、传达领导意见、批转或转发文件、任免干部、决定具体问题，都可以用通知，应用可以说极为广泛。通知具有下行文的特点，上级机关对下级机关可以用通知，在具有隶属关系的系统内自上而下地发布，带有指示性、指导性。平行机关之间有时也可以用通知。需要平级行文时，可以采用抄送的方式。记得一点，通知不可以用于上行文。

通报，是上级把有关的人和事告知下级的公文。《条例》（2012）规定：通报适用于表彰先进、批评错误、传达重要精神和告知重要情况。通报具有三个基本特点：一是告知性。通报的内容，常常是把现实生活当中一些正、反面的典型或某些带倾向性的重要问题告诉人们，让人们知晓、了解。二是教育性。通报的主要任务是让人们知晓内容之后，从中接受先进思想的教育，或警戒错误，引起注意，接受教训。达到这一目的不是靠指示和命令方式，而是靠正、反面典型的教育触动，使人真正从思想上确立正确认识，知道应该这样做，而不应该那样做。三是政策性。由于通报中的决定（处理意见）直接涉及具体单位、个人或事情的处理，同时，此后也会牵涉其他单位、部门效仿执行的问题，所以通报中的决定正确与否，影响颇大。因此，通报必须讲究政策依据，体现党的政策，做到于理于法有据。

下面，我们来了解一下通知和通报的主要区别。

第一点，二者的目的要求不同。通知的目的是告知事项，布置工作，部署行动，有严格的约束力，要求遵照执行。通报的目的主要是交流、介绍情况，或通过正反面的典型去教育人，起教育宣传作用。简单地说，通知重在"知"，是知之而后行，要贯彻执行；通报重在"报"，是报道和传播消息。

第二点，内容范围不同。两者虽然都有告知的作用，但通知告知的主要是工作的情况，以及需共同遵守执行的事项；通报则一般告知正反面典型，或者具有指导意义的精神或指示意见。

第三点，表达方式不同。通知主要是叙述，告诉受文对象要做什么，怎样去做，叙述得很具体。通报则兼用叙述、分析和议论，带有较强的感情色彩。

掌握了两种文体的性质、用途和主要区别，我们再分别来看它们怎么写。先说通知。

同样是通知，类型也有很多种。根据适用范围的不同，通知可以分为六大类。

一是发布性通知：用于发布行政规章制度及党内规章制度、意见、办法等带有法规性文书的告知通知，主要是告知具体事项，提出指导性意见。

二是批转性通知：用于上级机关批转下级机关的公文给所属人员，让他们周知或执行。"批转"意为"批准、转发"。例如，下级机关的总结、报告等对全局有指导意义，批转后推动工作；下级机关的意见、建议，经过上级机关转发后，就代表了上级机关的意见，具有了效力。

三是转发性通知：用于转发上级机关和不相隶属的机关的公文给所属人

员，让他们周知或执行。

四是指示性通知：用于上级机关指示下级机关如何开展工作。此类通知的内容具有指示性、指导性，要求下级机关贯彻落实。行文时应注意写清楚通知的缘由、依据、意义、目的，写清楚应知或应办事项，如交代任务、政策措施、具体办法和注意事项等。

五是任免性通知：用于任免和聘用干部。

六是事务性通知：用于处理日常工作中带有事务性的事情，常把有关信息或要求用通知的形式传达给有关机构或人员。较常见的如会议通知、放假通知、缴费通知等。

通知的功能多，种类多，写法有较大区别，这里概括性介绍一些通知写作的基本方法。

通知的基本框架由标题、主送机关（受文对象）、正文、落款四部分组成。

1. 通知的标题

通知的标题一般采用公文标题的常规写法，由发文机关、主要内容、文种组成。例如，《国务院办公厅关于新形势下进一步加强督查激励的通知》（国办发〔2021〕49号）。通知的标题也可省略发文机关，由主要内容和文种组成。例如，关于印发《广东省省属企业合规管理办法》的通知。标题还可省略发文机关和事由。如果通知发文范围很小，内容简单，甚至张贴都可以，这样的通知标题可以省略发文机关和事由，只有文种，即"通知"二字。例如，在单位内部的会议通知、政治学习通知、简单的工作通知等。

发布规章的通知，所发布的规章名称要出现在标题的主要内容部分，并使用书名号。例如，《中共中央办公厅 国务院办公厅印发〈关于进一步加强财会监督工作的意见〉的通知》（中办发〔2023〕4号）。

批转和转发文件的公文，所转发的文件内容要出现在标题中，但不一定使用书名号。例如，《国务院办公厅转发教育部等部门关于实施教育扶贫工程意见的通知》（国办发〔2013〕86号）。

2. 通知的主送机关（受文对象）

由于通知的发文对象比较广泛，因此，主送机关较多。大家要注意主送机关排列的规范性。例如，《关于印发〈中央和国家机关会议费管理办法〉的通知》的主送机关如下。

> 党中央有关部门，国务院各部委、各直属机构，全国人大常委会办公厅，全国政协办公厅，高法院，高检院，各民主党派中央，全国工商联，有关人民团体：

由于级别、名称不同，主送机关的称法和排列非常复杂，这个序列显然是经过深思熟虑后确定下来的，而且是有依据的。不管哪一级的通知，在有众多主送机关时，一是要注意主送机关的完整，二是主送机关的排序要准确。

3. 通知的正文

一般而言，通知的正文由通知缘由、通知事项、执行要求组成。

（1）通知缘由

发布指示、安排工作的通知，要写缘由。这部分的写法跟决定、指示很接近，主要用来表述有关背景、根据、目的、意义等。晓谕性的通知也可参照上述写法。批转、转发文件的通知，根据情况，可以在开头表述通知缘由，但多数以直接写转发对象和转发决定为开头，不需要说明缘由。发布规章的通知，多数情况下篇段合一，无明显开头部分，一般也不交代缘由。

（2）通知事项

这是通知的主体部分，所发布的指示，安排的工作，提出的方法、措施和步骤等，都在这一部分中有条理地组织和表达。内容复杂的需要分条列款。晓谕性通知有时需要列出新成立的组织的成员名单，以及改变名称或隶属关系之后职权的变动等。

（3）执行要求

发布指示、安排工作的通知，可以在结尾处提出贯彻执行的有关要求。如无必要，可以没有这一部分。

4. 通知的落款

落款即发布通知的党政机关的全称，标明发文日期，并加盖公章以确保法定效力。

其他篇幅短小的通知，一般不需要有专门的结尾部分。

下面，我们来看一则指示性通知的写法。

• • •

中央网信办印发《关于切实加强网络暴力治理的通知》

各省、自治区、直辖市党委网信办，新疆生产建设兵团党委网信办：

网络暴力针对个人集中发布侮辱谩骂、造谣诽谤、侵犯隐私等违法信息及其他不友善信息，侵害他人合法权益，扰乱正常网络秩序。为切实加大网暴治理力度，进一步压实网站平台主体责任，健全完善长效工作机制，有效保障广大网民合法权益，维护文明健康的网络环境，现通知如下。

一、建立健全网暴预警预防机制

1. 加强内容识别预警。（正文略，下同）

2. 构建网暴技术识别模型。

3. 建立涉网暴舆情应急响应机制。

二、强化网暴当事人保护

1. 设置一键防护功能。

2. 优化私信规则。

3. 建立快速举报通道。

三、严防网暴信息传播扩散

1. 加强评论环节管理。

2. 加强重点话题群组和版块管理。

3. 加强直播、短视频管理。

4. 加强权威信息披露。

四、依法从严处置处罚

1. 分类处置网暴相关账号。

2. 严处借网暴恶意营销炒作等行为。

3. 问责处罚失职失责的网站平台。

五、工作要求

1. 提高思想认识。

2. 压实工作责任。

3. 强化长效治理。

中央网信办秘书局

2022年11月2日

―――――――――――――――――― • • •

这则指示性通知除标题、主送机关和落款，正文由通知缘由和通知事项组成。标题中"切实加强网络暴力治理"体现发文机关的坚定态度。主送机关是省级党委网信办。正文开头部分为通知缘由，简明扼要，精练概括，交代了发布通知的背景、目的、理由等，并用过渡语"现通知如下"开启下文，为进一步提出通知事项做好铺垫。通知事项部分是指示性通知撰写的主干。它是受文单位执行的依据，明确、具体地交代应知和应办的事项，即工作的任务和要求，在结构安排上，采用分列小标题式写法，将16项通知内容分作五个方面，分别进行阐述，做到条理清晰、眉目清楚，便于领会、理解和执行。第五部分三个小点是通知事项内容，同时也是工作要求，所以就没有必要再单独写一段执行要求。

需要指出的是，通知种类固然繁多，但不管撰写哪种类型的通知，都有一些基本要求是应该遵循的。

一是要事先了解内容，明确通知目的。写好通知必须事先了解要通知的具体事项，是要求工作、规范事项，还是任免或传达等，不同的事项直接导致通知的内容不同。明确了通知的内容，就要明确通知发给谁、通知哪些内容、应该提出什么要求。

二是注重语句表达，做到条理清晰。通知有规范的公文用语，一般按照说明的方式来表达，按照事物的发展规律和基本属性来说明，体现清晰、明确、有逻辑的特点。通知的内容必须是按条分类，清晰表达，切忌不分段落、不分条目，整篇混乱表达。按条目表达，同时有助于通知内容和事项的高效落实。

三是注重文件规范，避免引起歧义。通知属于法定性公文，和其他公文一样，有严格的标准和规范，要特别注意的是通知要使用公文规范的语言表达，如使用按照、根据等词汇，避免因用词不准而造成歧义。

四是反复提炼修改，按照程序发文。通知草拟完成后，切忌直接走程序，一定要严格仔细地再提炼、修改和检查。在确定修改无误后，再尽快按照程序发文。

说完了通知，我们再说通报的写法要点。通报是各级机关、企事业单位和团体经常使用的文种。它的目的是交流经验，通报问题，从而教育引导干部群众，推动工作进一步开展。

通报可以分为三类。一是表彰性通报，就是表彰先进个人或先进单位的通报。这类通报着重介绍人物或单位的先进事迹，指出其值得学习的精神实质，提出希望、要求，然后发出学习的号召。二是批评性通报，就是批评典型人物或单位的错误行为、不良倾向、丑恶现象和违章事故等的通报。这类通报通过摆情况、找根源、阐明处理决定，使人从中吸取教训，以免重蹈覆辙。这类通报应用面广，数量大，惩戒性突出。三是情况通报，就是上级机关把现实中出现的重要情况告知所属单位和群众，让其了解全局，与上级协调一致，统一认识和步调，为工作创造良好条件。这类通报具有沟通和知照的双重作用。

通报的基本框架由标题、主送机关、正文和落款四部分组成。

1. 标题

由制发机关、被表彰或被批评的对象和文种构成。通常有两种构成形式：一种是由发文机关名称、事由和文种组成，如《国务院办公厅关于对少数地方和单位违反国家规定集资问题的通报》；另一种是由事由和文种构成，如《关于给不顾个人安危勇于救人的××同志记功表彰的通报》。此外，有少数通报的标题是在文种前冠以机关单位名称，如《中共××市纪律检查委员会通报》；也有的通报标题只有文种名称。

2. 主送机关

有的通报特指某一范围内，可以不标注主送机关。

3. 正文

正文是通报的主体部分。因通报的种类不同，写法也不相同。

表彰通报的写法。一般先把先进事迹和经验融为一体加以叙述，写清事情的时间、地点、人物、事件、结果，接着对上述事件进行分析、评论，指出其意义或典型所在，或肯定成绩、概括经验，并加以表扬，最后提出号召，让大家学习。有时，表彰通报还可以具体归纳出学习哪些方面。典型事迹要写得具体生动，重点突出，有思想性，有代表性。

批评通报的写法。一般有三个步骤：一是用叙述的语言介绍事件的起因和经过，要文字简洁，交代清楚，但要注意事件的特点；二是对事件进行分析评论，重点分析事件发生的原因，指出事件的性质及其危害，提出处理结果；三是写出从中得到的经验、教训和今后的要求。为防止此类事件再次发生，可提出对症下药的方法和措施；也可重申纪律，提出告诫。

情况通报的写法。这种通报以通报情况为主，有时也可加以分析和评论。行文一般先叙述情况，概括文字要真实全面、简明扼要；然后再分析情况，并加以议论，阐明情况的性质和意义；最后提出指导性或参考性的意见。

4. 落款

同样包括发文机关全称和成文日期。

需要注意的是，不管写作哪类通报，都应把握好三项基本原则。

一是及时性原则。通报具有很强的时间性。写通报一定要及时迅速、把握好时机，不搞过时的通报，特别是对某些重大的事项和重要情况，要不失时机地予以通报，真正起到及时交流情况、沟通信息、宣传典型、抑恶扬善、指导工作等作用。

二是典型性原则。通报的内容必须典型，要想有一定的教育意义和指导意义，必须选择典型事例或典型人物。不可凡事都发通报，要选择那些有典型意义的、体现时代特征的、对某项工作有普遍指导意义的事项进行通报。只有这样，才能真正起到通报的作用。

三是真实性原则。真实是通报事件的基础。通报中所提到的事例必须是客观存在的，必须是经过反复调查，确定是真实可靠的。写作时，必须尊重客观事实，要深入基层认真调查研究，得出中肯的评价，千万不能想当然地拼凑材料，乃至于捏造和虚构。对所叙述的事例进行分析，也要做到准确客观、实事求是，忠实于事件的原貌，不夸大、不缩小。提出的希望和号召也必须切合实际，具有一定的针对性，让读者容易接受或受到启示。

请示和报告

请示和报告是我们在工作中遇到的两种常用公文文种，在实际工作运用中很容易混淆。这是因为，请示和报告在行文方向、遵守的行文制度、遵守的语言规范和特点方面有相似之处，但我们更要看到二者的区别，掌握并正确使用它们，更科学规范、准确地处理公务。

请示和报告都是上行文，都具有反映情况、提出建议的功用，都有固定的程序格式和特定专用语，也同样具有明晰、准确、简朴、庄重的公文语言特点等。但请示和报告也有明显的不同。

一是内容要求不同。请示的内容要求"一文一事""一事一请示"；报告的内容可"一文一事"也可"一文数事"。对于内容较复杂的报告，要围绕一个中心，分项分条表述，突出重点、详略得当，避免内容重复和交叉。

二是侧重点不同。请示属于请求、企复性公文，侧重于提出问题和请求指示、批准；报告属于陈述性公文，侧重于汇报工作，陈述意见或建议。请示有很强的针对性，写作时要写清原因、办法等，报告则可长可短，将工作汇报清楚、将情况反映出来、将问题妥善答复即可。

三是行文目的不同。请示的目的是请求上级机关批准某项工作或解决某个问题，要求上级机关作出答复，以便指示或批准下级机关的公务行动；报告是向上级机关汇报工作，目的是让上级机关了解下情，便于及时指导，并不一定要求作出答复。

四是行文时间不同。请示必须事前行文，所请示的内容是还没有得到解决的事情，不可以"先斩后奏"；报告可以在事后或者事情发展过程中行文。简言之，请示针对将要发生之事，报告则多针对已发生或者正发生之事。

五是报送要求不同。请示一般只写一个主送机关，受双重领导的单位报其上级机关的请示，应根据请示的内容注明主送机关和抄送机关，主送机关负责答复请示事项；报告可以报送一个或多个上级机关。

六是处理结果不同。请示属于"办件"，指上级机关应对请示类公文及时予以批复；报告属于"阅件"，对报告类公文，上级机关视情况予以答复，但不会件件予以答复。

这两种公文的写法有很多不同。先从请示来说，《条例》（2012）规定，请示适用于向上级机关请求指示、批准。也就是说，请示是下级机关向上级机关请求对某项工作、问题作出指示，对某项政策界限给予明确，对某事予以审核批准时使用的一种请求性公文。基于这一定义，请示具备以下基本特点：第一，必须是下级机关向上级机关的行文。第二，请示的问题必须是自己无权作出决定和处理的。第三，必须是为了向上级请求批准。第四，请示事项一般都是急需明确和解决的，否则会影响正常工作。

根据请示的不同内容和写作意图，我们可以把请示分为三类。

第一类，请求指示的请示。一般是政策性请示，是下级机关需要上级机关对原有政策规定作出明确解释，对变通处理的问题作出审查认定，对如何处理突发事件或新情况、新问题作出明确指示等请示。

第二类，请求批准的请示。即下级机关针对某些具体事项向上级机关请求批准的请示，主要目的是解决某些实际困难和具体问题。

第三类，请求批转的请示。下级机关就某一涉及面广的事项提出处理意见和办法，需各有关方面协同办理，但按规定又不能指令平级机关或不相隶属部门办理，需上级机关审定后批转执行。

在写法上，请示一般由标题、主送机关、正文、落款四部分组成。标题一般有两种构成形式：一种由发文机关名称、事由和文种构成，如《××市人民政府关于××××××的请示》；另一种由事由和文种构成，如《关于开展××××工作的请示》。请示的主送机关指负责受理和答复该文件的机关。每件请示只能写一个主送机关，不能多头请示。

请示的正文由开头、主体和结束语组成。开头主要交代请示的缘由。这是请示事项能否成立的前提条件，也是上级机关批复的根据。原因讲得客观、具体，理由讲得合理、充分，上级机关才好及时决断，予以有针对性的批复。主体部分主要说明请示事项，也是陈述缘由的目的所在。这部分内容要单一，只宜请示一件事。请示事项要写得具体、明确、条项清楚，以便上级机关给予明确批复。结束语应另起段，习惯用语一般有"妥否，请批复""当否，请批示""以上请示，请予审批"等。落款包括发文机关署名和成文时间。

需要注意的是，请示的内容若涉及其他部门或地区，正常情况下应事先协商，必要时可联合行文，如有关方面意见不一致，应如实在请示中反映。另外，请示拨款的，应附预算表；请示批准规章制度的，应附规章制度的内容；请示处理问题的，本单位应先明确表态。正式印发请示送上级机关时，应在文头注明签发人姓名。

制发请示时还要注意几个问题：第一，不能越级请示，也不能"多头"请示，只写一个主送机关，而且必须"一文一事"。遵循"谁主管，请示谁"的原则，分清所请示的事项是哪个上级机关主管，就请示哪个上级机关，需要同时送其他领导机关的，应采用抄送的形式。第二，下级机关的请示事项，如需以本机关名义向上级机关请示，应当提出倾向性意见后上报，不得原文转报上级机关。第三，请示要做到材料真实，不要为了让上级领导批准而虚构情况，也不要因为没能认真调查而片面摆情况，提问题。第四，请示事由的切入点要选准，理由要写足、讲透，不能太简略，如笼统地称"因工作需要"等；请示事项要按照轻重缓急，根据上级权限的大小，适当提出请求，不能太繁多，不分主次、急缓。第五，请示语气要恳切、平实，既不能语气生硬，也不应低声下气，要做到以理服人，这就要求必须站在领导的角度来思考和写作，期望引起上级的重视。

我们来看两则例文。

例文1 关于前方销售人员奖励办法的请示

××公司薪酬委员会：

为调动前方员工开发市场的积极性，充分发挥激励机制的作用，拟制定如下奖励政策：

凡各销售小组通过款到付货方式销售到市场上的产品，销售价高于定价的，销售额差额部分的××%予以奖励。

妥否，请指示。

销售部

二〇××年×月×日

这是请求批准的请示，内容比较简单，指向比较明确，主要目的是解决具体问题。

例文2 关于增设秘书专业的请示

××省高等教育厅：

为适应社会对秘书专业人才的需要，我校拟增设文秘专业

（本科），20××年秋季开始招生。

秘书人员是各级领导的参谋和助手。随着我国各条战线事业的发展，社会对秘书的需求不断增长，据了解，仅本省县以上党政机关和企事业单位目前每年所需秘书人员，就在××××人以上。目前各级机关的秘书，大多没有受过系统、严格的秘书专业教育和训练，专业素质不能适应新形势的要求。开设秘书专业，培养高层次的秘书人才，在当前尤显必要和紧迫。

为筹建秘书专业，我校已成立筹备小组，并在××学院组建了秘书专业教研室，现有秘书专业教师8人，其中教授3人、副教授2人、讲师3人。近两年，我校组织编写了一部分教材，与××联合举办过多期秘书人员培训班，积累了一定的经验。依靠现有的师资力量，我们有把握办好秘书专业。

我们设想，秘书专业本科，以培养县以上党政机关和企事业单位秘书人员为目标。学制四年，每年招50人。

妥否，请批复。

附件：

1. 《普通高等学校增设本科专业申请表》一份
2. 《××大学秘书专业（本科）教学计划》一份
3. 《××大学秘书专业现有教师情况表》一份

××大学

二○××年×月×日

这则请示同样是请求批准的请示，但内容更复杂一些，就所申请的事项，不但阐述了其背景和缘由，提出了理由与依据，还谈了今后的具体设想，目的是让上级部门了解清楚，从而作出决策。

说完了请示，我们再来说报告。《条例》（2012）规定，报告适用于向上级机关汇报工作、反映情况，回复上级机关的询问。报告的使用范围很广。按照上级部署或工作计划，相关单位每完成一项任务，一般都要向上级写报告，反映工作中的基本情况、工作中取得的经验教训、存在的问题以及今后工作设想等，以取得上级领导部门的指导。

需要注意的是，作为行政机关法定公文的报告，和一些专业部门从事具体业务所使用的、标题之中也带有"报告"两个字的行业文书，如审计报告、调查报告、立案报告等，并非一个概念，在使用的时候要特别注意不可混淆。

报告具有几个鲜明的特点。

一是内容的汇报性。报告是下级机关向上级机关或业务主管部门汇报工作，让上级机关或业务主管部门掌握基本情况并及时进行工作指导的公文。所以，汇报性是报告的一大特点。

二是语言的陈述性。因为报告具有汇报性，讲述遵照上级指示做了什么工作，或工作是怎样做的，取得了哪些成绩，有什么情况、经验、体会，存在什么问题，今后有什么打算，对领导有什么意见、建议等，所以行文上一般都使用叙述方法，即陈述其事，将时间、地点、人物、事件、原因、结果叙述清楚，向上级机关提供准确的信息，而不是像请示那样采用祈使、请求等方法。

三是行文的单向性。报告是下级机关向上级机关行文，为上级机关进行宏观领导提供依据，一般不需要受文机关的批复，属于单向行文。特别要注意，类似于"以上报告当否，请批示"的说法是不妥当的。但值得说明的是，报告虽然不需要批复，却是下级机关以此获得上级机关支持和指导的重要途径；同时，上级机关也能够通过报告获得自己想要的信息，了解下情，以作为决策指导和协调工作的依据。

四是成文的事后性。大多数报告都是在事情做完或发生后，向上级机关作出汇报的，属于事后行文或事中行文。

报告一般分为五类。

（1）例行报告。如日报、周报、旬报、月报、季报、年报等。例行报告不能变成"例行公事"，而要随着工作的进展，反映新情况、新问题、新面貌，写出新意。

（2）工作报告。凡是用来向上级或主管部门汇报工作的报告，都属这一类。工作报告又可具体分为专题报告和综合报告两类。专题报告涉及面窄，只是针对某一方面的工作或某一项具体工作进行汇报，如《国务院关于华侨权益保护工作情况的报告》。这类报告要迅速、及时，一事一报。综合报告涉及面比较宽，涉及工作范围内的方方面面，可以分出主次，但不能有所遗漏，可以和总结工作、计划安排结合起来。要有分析、有综合、有重点。大到国务院对全国人民代表大会的政府工作报告，小到单位向上级提供的定期工作报告，都属于此类型。

（3）情况报告。即指向上级机关反映某种临时性情况、事故的报告。一般是正常工作运转中出现的新情况、新问题，特别是突发事件、特殊情况、意外事故、个别问题的处理情况，需要向上级机关报告，如《国务院关于四川汶川特大地震灾后恢复重建工作情况的报告》。实事求是、实情准确，分析有据、详略得当，是写好情况报告的关键。有喜报喜，有忧报忧，不夸大事实，不隐瞒真相，秉笔直书，言之有理，是写好情况报告的灵魂。

（4）报送报告。这是下级机关向上级机关报送文件或物件时使用的报告，这类报告通常正文简略，真正有意义的内容在其所报送的附件里。

（5）答复报告。即答复上级机关询问的报告。此类报告内容针对性最强，上级询问什么就答复什么，不能答非所问，对于上级机关的询问一定要慎重，需要经过深入的调查研究后再作出答复。

报告基本框架包括标题、主送机关、正文和落款。标题一般有两种形式。一是由发文机关名称、事由和文种构成，如《最高人民检察院关于检察机关反贪污贿赂工作情况的报告》；二是由事由和文种构成，如《关于网民留言督办通知的答复报告》。也有一种比较特殊，如《政府工作报告》。一般而言，除个别情况灵活处理，都应按照规范做法即以第一种方式确定报告的标题。

主送机关就是报告的主送单位，如果报告涉及的问题不需要上级机关解释或答复，则可写两个或两个以上的主送单位，如果报告涉及的问题需要上级机关解释或答复，主送单位只能是一个。正文一般由前言、主体、结尾三部分组成。前言简要交代写报告的缘由或目的，多使用导语式或提问式，给出总的概念或引起注意。主体是报告的具体内容，不同种类的报告，主体部分的写法也不相同。例如，工作报告要讲工作的情况、取得的成绩、存在的问题、具体的经验、教训，以及今后的设想，以便上级掌握情况，指导工作。情况报告应有情况、说明、结论三个部分，其中情况不能省略。结尾通常用"请审阅""请审议""请查收""特此报告"等。

制发报告要把握好几项原则。一是实事求是。报告的情况必须属实，有关材料应核实无误，不夸大，不缩小。二是及时报告。向上级汇报工作，反映情况要及时，这样才能让上级机关迅速掌握情况，做出相应对策，否则，事过境迁，再向上级报告，不仅失去了报告的意义，而且还可能贻误处理问题的最佳时机。三是突出重点。报告的内容要根据主题的要求进行安排，分清主次轻重，进行概括说明，要突出重点。特别是综合性工作报告，内容复杂，头绪较多，要明确中心，点面结合，条理清楚，突出主干，切忌面面俱到，写成流水账。专题报告写作时要自始至终围绕一项工作、一件事情、一个问题去写，不可节外生枝，不要在同一专题报告中反映几件各不相干的事项和问题。

特别要提醒的是，要用准文种。不能将报告写成请示，报告中不能夹带请示事项。报告提出的建议或意见不能当作请示，要求上级指示或批准，只能作为供上级了解情况和决策的参考。

我们来看一则报告的例文。

——————————————————————————— • • •

关于2022年招商引资工作的报告

县委、县人民政府：

2022年，全县招商引资工作在县委、县人民政府的坚强领导下，在上级招商部门正确指导下，以加快县域经济提质增效为目标，突出高质量发展要求，坚持稳中求进的工作总基调，着力加大项目谋划、洽谈、引进和投资建设工作力度，按时完成了年初确定的各项工作目标任务，现报告如下：

一、主要工作成效

1. 认真履职尽责，全面完成目标任务

2022年，全县招商引资工作在完成投资额、项目开工率、资金到位率、同比净增量等方面较去年同期增长明显，各项主要经济指标保持了较快增长速度。1至12月，全县共计实施各类招商引资项目204项，总投资516.42亿元，落实到位资金197.76亿元，同比增长8.6%，其中，续建项目88个，总投资258.79亿元，落实到位资金83.59亿元；新建项目116个，总投资257.63亿元，落实到位资金114.17亿元。

根据县总体安排部署，年初，分解下达给我局的招商引资任务是75.07亿元，截至年底，我局落实招商引资到位资金80.57亿元，占任务的107.3%。目标任务已超额完成。

2. 加快项目建设步伐，增强经济发展活力

为进一步加快对外招商引资步伐，我局提前谋划了一批具有前瞻性、战略性、带动性的重大项目，采取以商招商、节会招商、小分队招商、委托招商等方式，努力扩大招商引资成果。1月至12月，全县共组织开展赴外招商活动12次，对接洽谈项目86项，总投资382.5亿元，签约协议项目78项，总投资296.87亿元。（具体项目情况略）

3. 夯实项目基础工作，提高招商竞争能力

按照培育产业集群、延伸产业链条的总体思路，我局重点围绕工业经济、商贸物流、休闲旅游、食品医药、特色农牧业、民俗文化发展等领域，编制完成了《投资指南（2022版）》，精心筛选包装储备项目176个，项目年更新率保持在30%以上；邀请专业人员拍摄制作了首部《招商引资》宣传片，充分发挥招商网站、招商微信公众平台等新媒体的作用，有效强化了项目推介、对接洽谈、合作共赢的时效性。同时，为创新工作方式，推动工作落实，参照上市方案，我局拟定了《全县委托代理招商试行办法》，积极调动社会各类投资（咨询）中介机构、行业协会、商会及其他经济组织和自然人参与我县招商引资工作，截至目前，我县已委托代理企业9家，委托代理人11人，代理招商区域涉及浙江、山东、河南等8个省区市，各项衔接洽谈工作正在积极推进。

二、存在的问题

总结一年来的工作，全县招商引资工作虽然取得了一些成绩，但也存在诸多问题或不足，主要是：全县招商引资氛围还不

够浓厚，部分主体责任单位对招商引资工作不够重视；市场需求不足，加之国家对生态功能区政策进一步收紧，环保、土地、节能审查等前期工作要求更加严格，对新上项目造成较大制约，客商持等待观望态度，投资意愿减弱；金融机构审慎信贷，部分签约项目因融资困难，致使项目进展缓慢等。

三、2023年工作打算

2023年，我们将紧紧围绕县委、县人民政府总体发展规划，进一步优化完善招商服务工作机制，通过"走出去、请进来"，切实加大招商引资力度，力争落实招商引资到位资金215亿元；利用各类节会签约合同项目40个以上；谋划储备重大招商项目20项以上；争取年内组织开展10次以上的赴外招商活动；争取年内引进10户以上实力较强的投资企业。具体抓好以下几方面的工作：一是夯实招商引资基础工作。围绕县工作重点，征集、筛选一批关联度高、互补性强、成长性好、附加值高的重点项目，充实招商引资项目库。深入挖掘和发挥我县基础产业、资源条件、投资环境等方面的特色与优势，不断修订完善《投资指南》，充分发挥新媒体作用，进一步提高投资吸引力。二是创新招商引资方式方法。围绕区域重点产业、支柱产业和新兴产业，在以往领导带队招商、小分队招商、以商招商、节会招商、网上招商等方式的基础上，进一步创新招商方式，深入推进委托代理招商工作，加强与商会的衔接沟通，充分发挥委托代理招商的实效，积极推进委托代理招商工作。特别是对重点企业及客商实行"点对点、面对面"的精准招商。三是优化招商引资投资环境。围绕招商抓环境，围绕项目抓服务，积极主动做好项目的协调服务工作，加强与各部门的衔接沟通，不断规范简化项目前期办理手续，加快推进项目落地建设进度，进一步强化跟踪服务，协调解决项目推进过程中遇到的具体问题，着力营造"能赚钱、不受气、条件好"的投资环境，确保签约项目顺利落地，落地项目有序推进，为全县经济社会发展做出应有的努力。

以上情况，特此报告。

××县招商局

2023年×月×日

· · ·

这份报告属于专项工作的年度报告，在总结全年工作的基础上，也指出不足，提出下一步的工作打算，结构完整，内容也比较充实，用事实和数据说明论点，层次有序，让人读完对此类工作有了一个总体的了解。

纪要

纪要是法定公文之一。在实际工作中，纪要主要指会议纪要，是我们工作中最常用的文种之一。《条例》（2012）规定：纪要适用于记载会议主要情况和议定事项。因此，纪要是各级机关用来记载和传达会议情况、执行会议议定事项时使用的一种公文文种，是根据会议记录、会议情况以及各种会议资料进行综合整理后形成的一种具有纪实性、指导性的公文，它具有高度凝练性和较强概括性。党政机关、团体、企事业单位都可以用纪要行文。

会议纪要可以多向行文：向上级机关汇报会议情况，以便得到上级机关对工作的指导；向同级机关通报会议情况，以便得到同级机关的支持配合；向下级机关传达会议精神，以便统一认识，贯彻执行。可以说，会议纪要是贯彻落实会议精神、指导工作、解决问题、交流经验的重要工具。

会议纪要具有几个鲜明的特点，具体如下。

内容的纪实性。会议纪要如实地反映会议内容，它不能离开会议实际搞再创作，事实是什么就是什么，不能搞加工改造，否则就会失去其内容的客观真实性，变得不再纪实了。

表达的提要性。会议纪要是根据会议情况综合而成的，因此，撰写会议纪要时应围绕会议主旨及主要成果来整理、提炼和概括，重点应是介绍会议成果，而不是叙述会议的过程。

行文的条理性。会议纪要应该对一场会议的重要内容、主要成果以及议定事项等进行分层次、分类别的概括和归纳，要有清楚的条理和清晰的眉目。

称谓的特殊性。会议纪要一般采用第三人称写法。由于会议纪要反映的是与会人员的集体意志和意向，常以"会议"作为表述主体，使用"会议认为""会议指出""会议决定""会议要求""会议号召"等惯用语。这是其称谓特殊性的直观表现。

在实际工作中，常有人把会议纪要和会议记录混淆。事实上，两者虽然都是会议文书，但存在着明显的区别。

一是性质不同。会议记录是会议情况的记录，只是原始材料，不是正式公文，一般不公开，不需要传达或传阅，只作为内部资料，用于存档备查以及作为进一步研究问题和检查总结工作的依据。会议纪要则是正式的公文文种，通常要在一定范围内传达或传阅，要求贯彻执行。

二是功用不同。会议记录不具备指导工作的作用，通常不向上级报送，也不向下级分发，只作为资料和凭证保存。会议纪要作为正式文件印发，有的还直接在报刊上发表，对工作有指导作用。

三是写法不同。会议记录作为客观纪实材料，无选择性、提要性，要求原原本本地记录文原意，且必须随着会议进程进行，越详细越好。会议纪要则有选择性、提要性，不一定要将会议所有内容都写进去，而且必须在会议结束后，在会议记录的基础上加工整理而成，它集中反映了会议的精神实质，具有鲜明的政策性和高度的概括性。

按照不同的方法，会议纪要有不同的类别，我们简化分类原则，将其分为三类。

第一类，决议性会议纪要。主要记载和反映会议做出的重要决策事项，常用于各级领导机关的办公会，如国务院办公会议、省长办公会议、市（县）长办公会议、机关事业单位的党组（党委）会议、董事长（总经理）办公会等。

第二类，协议性会议纪要。主要记载双边或多边会议有关内容及其取得的共识、议定的事项等情况，常用于领导机关主持召开的多部门协调会，或不同单位共同召开的联席办公会等。

第三类，研讨性会议纪要。主要记载和反映经验交流会议、各种专业会议或学术性会议的研讨情况，用于职能部门或学术研究机构召开的专业会议、学术研讨会议等。这类会议纪要要求内容全面客观，除反映主流意见外，如有不同意见，也应整理进去。

根据会议性质、规模、议题等不同，会议纪要大致可以有以下几种写法。

一是集中概述法。这种写法是把会议的基本情况，讨论研究的主要问题，与会人员的认识、议定的有关事项（包括解决问题的措施、办法和要求等），用概括叙述的方法，进行整体的阐述和说明。这种写法多用于召开小型会议，而且会议讨论的问题比较集中单一，与会人员的意见比较统一，会议要求容易贯彻操作，所写的会议纪要的篇幅相对短小。如果会议要讨论的议题较多，可分条列述。

二是分项叙述法。召开大中型会议或议题较多的会议，一般要采取分项叙述办法，即把会议的主要内容分成几个方面，然后加上标号或小标题，分项来写。这种写法侧重于横向阐述分析，内容相对全面，问题说得比较细，常常会对目的、意义、现状进行分析，以及目标、工作任务、政策措施等进行阐述。这种纪要一般用于需要基层全面领会、深入贯彻的会议。

三是发言提要法。这种写法是把会上具有典型性、代表性的发言加以整理，提炼内容要点和精神实质，然后按照发言顺序或不同内容，分别进行阐述说明。这种写法能比较如实地反映与会人员的意见。某些根据上级机关布置，需要了解与会人员不同意见的会议纪要，可采用这种写法。

在结构上，会议纪要由标题和正文组成。一般而言，标题有三种构成形式。第一种，"会议名称＋纪要"，如《全国农村工作会议纪要》等。这种标题最为常见。第二种，"正标题＋副标题"。正标题提出问题或反映会议主旨，副标题用于标示召开会议的机关、会议名称和文种，如《今年的军转安置工作成效显著——民政部关于军转安置工作座谈会纪要》。这种标题常见于报刊发表的会议纪要。第三种，"发文机关名称＋议题＋纪要"，如《国务院关于加强土地市场管理工作会议纪要》。

会议纪要的正文一般由前言、主体和结尾三个部分组成。前言部分交代会议概况，包括会议时间、地点、主持人、发言人、会议目的和任务、主要议题等。

会议纪要的主体部分是核心内容，写好主体部分决定着会议纪要的质量。主体部分按照逻辑关系可以分成三个方面。一是会议的精神，一般由"会议认为"等导语开头，写工作的总体情况分析、工作的重要意义和主要原则等；二是会议的成果，一般由"会议明确""会议决定"等导语开头，写会议对问题怎么办、工作怎么干等总体上的决策和部署；三是会议的要求，一般由"会议要求""会议强调"等导语开头，写具体的工作安排和各部门要承担的具体任务等。这三个方面的内容要分层次整理叙述，逻辑分明、条理清晰，不可以张冠李戴。

结尾部分一般标注缺席人员信息和文件公开属性等，和其他公文不同，会议纪要结尾不标注发文机关，一般没有附件。

下面看一则例文，是一份综合性会议纪要。

• • •

××县人民政府第六次常务会议纪要

时间：××××年×月×日上午

地点：县人民政府常务会议室

主持：县长×××

出席：副县长×××、××、××、县人民政府办公室主任×××

列席：×××、×××、×××

记录：×××

现将会议讨论及决定的主要事项纪要如下：

一、会议听取了副县长×××关于召开全县经济工作会议准备情况的汇报，讨论了扩大县属企业自主权的十条规定。会议同意于×月×日召开全县经济工作会议。今年各项经济工作指标，要以市经委下达的为准，不再调整县属各公司的主要经济指标。在县经济工作会议上，由县经委与县属各公司签订经济责任书。

　　二、会议原则同意县民政局关于民政事业费管理使用办法的修订意见。

　　三、会议同意将县人民政府办公室提出的《改进机关工作作风的规定》印发各部门，广泛征求意见，作进一步修改后，以县人民政府文件印发。

───────────────────────────── •••

　　撰写会议纪要是公文写作的基本功，从写出合格的会议纪要到写出更高质量的会议纪要，我们总结了一个"六字诀"可供参考。

　　一是求"快"。时效性是会议纪要的最大特点。很多重要工作都要在会议结束后马上落实，需要拿会议纪要"说话"。纪要发布太晚会给人"时过境迁"的感受，甚至使纪要失去自身价值。会议纪要的撰写、报批、印发一定要迅速及时。重要紧急会议的纪要当天印发或隔天印发，一般会议的纪要在会议后三天左右印发。

　　二是求"准"。准确性是会议纪要的基本要求。一方面，内容要准。会议议定的重要事项如经费、时限、责任人等一定要准确翔实地记录下来，不能有任何出入。例如，关于经费使用的决议，要详细写明金额、拨款单位、拨款时间、拨款方式，防止日后出现问题无从对证。另一方面，用语要准。参会人员在讨论或讲话中，对一些专业术语、专有名词可能一带而过，说的是不规范简称或俗称，针对这些情况，公文写作者应在撰写纪要时注意核对订正。

　　三是求"实"。会议纪要不需要华丽的辞藻，文字要尽可能清晰简练、准确平实，不掺杂个人感情和看法。对于报领导讨论决定的会议事项，一般只将最后议定的结果写入纪要，不必记录讨论过程；对于传达重要会议、文件或领导指示的会议事项，要抓住重点，避免空话套话，凡能从其他文件、资料中查到的内容一般不写，只写会议提出的要求和部署，使没有参加会议的人看了纪要也能了解会议情况。

四是求"全"。要突出完整性，最忌丢项、落项或多项。有的会议可能会根据需要临时加入一些议题或部署一些任务，对此公文写作者要注意完整地写入纪要。为便于撰写和查阅，公文写作者应当按照一事一标题或一段的格式撰写，顺序应按议题的重要程度和类别进行排列。会议讨论未通过的议题一般不写入纪要。

五是会"借"。有的会议信息量大，撰写纪要需全面广泛占有资料，把会议材料、领导讲话、记录稿件、录音录像以及会议涉及的相关文件资料搜集齐全，消化吸收。在使用资料上要敢借、会借，一般来说，对于顺利通过的议题，会议材料的请示事项就可以借用为会议纪要的决定事项，领导讲话的主要提纲可以借用为会议纪要的强调内容，有选择地把会议材料借用为纪要内容，实际上是一个对资料进行收集、筛选、提炼、组合的过程。

六是会"改"。就是在"借"的基础上对部分材料进行再加工，此过程不可或缺。例如，领导在会上脱稿部署工作、提出要求时，可能会讲得过于详细、层次稍显不清、前后略有重复，在这种情况下，公文写作者要对会议记录进行修改、加工和完善，再将这些内容写入会议纪要，这样既体现领导真实意图，又符合会议纪要准确、务实的基本要求。

▌函

函，既是大家在日常生活中经常要用的文体，也是一种重要法定公文。《条例》（2012）明确规定，函是"适用于不相隶属机关之间商洽工作、询问和答复问题、请求批准和答复审批事项"的公文。函作为公文中唯一的一种平行文种，其适用范围相当广泛，除了不能用于上下级机关之外，它不仅可以用于平行机关之间行文，还可以在不相隶属的机关之间行文。

了解了函的基本含义以后，我们接下来了解一下函的特点和种类。概括起来说，函具有以下三个方面的基本特点。

一是沟通性。函对于不相隶属机关之间相互商洽工作、询问和答复问题，起着沟通的作用，这是其他公文所不具备的特点。二是单一性。函的主体内容应该具备单一性的特点，一份函只宜写一件事。三是灵活性。这表现在两个方面：一是行文关系灵活。函是平行公文，除了平行机关使用，还可以用于不相隶属的机关之间，不像其他文种那样，受严格的特殊行文关系的限制。二是格式灵活，除了党和国家机关的重要函必须按照公文的格式、行文要求行文，其他一般函的格式相对比较灵活，不像其他法定公文必须严格按照格式及行文要求办。

按照不同的标准，我们可以把函分成不同的种类。

按性质分，函可以分为公函和便函两种。机关单位正式的公务活动往来需要用公函；便函则用于日常事务性工作的处理。需要指出的是，便函不属于正式公文，没有公文格式方面的要求，甚至可以不要标题，不用发文字号，只需要在尾部署上机关单位名称、成文时间并加盖公章即可。

按发文目的分，函可以分为发函和复函两种。发函就是主动提出事项所发出的函，复函则是为回复对方所发出的函。例如，《国务院办公厅关于同意成立2022年第19届亚运会组委会的函》，便是针对浙江省人民政府、体育总局《关于2022年第19届亚运会组委会机构设置方案的请示》做出回复的函。

另外，按内容和用途分，函还可以分为商洽函、答复函、询问函、告知函、请求批准函等。商洽函多用于商调人员、联系工作或处理有关业务性、事务性事项等，如《关于与贵公司建立全面协作关系的函》。答复函主要用于答复不相隶属机关之间询问相关方针政策等问题，如《国务院办公厅关于同意建立促进投资部际联席会议制度的函》。询问函主要用于询问某一具体事项、征求意见、催交物品等。告知函主要用于将某一事项、活动函告对方知晓，或者请对方参加会议、活动，其作用和内容类似于通知，但双方不属于上、下级和业务指导关系。请求批准函主要是在向有关机关、部门请求批准时使用，如《关于请求解决××县枯水期用电指标的函》，由××县人民政府向×市供电局行文。

函的类别较多，从制作格式到内容表述均有一定的灵活机动性，不能一一尽述。这里主要介绍公函的结构、内容和写法。

公函由标题、主送机关、正文和落款四部分组成。

公函的标题一般有两种形式。一种由发文机关名称、事由和文种构成，另一种由事由和文种构成。

主送机关即受文并办理来函事项的机关单位，于文首顶格写明全称或者规范化简称，其后用冒号。

正文一般由开头、主体、结束语等部分组成。开头主要说明发函的缘由。一般要求概括交代发函的目的、根据、原因等内容，然后用"现将有关问题说明如下："或"现将有关事项函复如下："等过渡语转入下文。在说明缘由时，一般首先引叙来文的标题、发文字号，然后再交代根据，以说明发文的缘由。

主体是函的核心内容部分，主要说明致函事项。主体部分内容单一，一函一事，行文要直陈其事。无论是商洽工作，询问和答复问题，还是向有关主管部门请求批准事项等，都要用简洁得体的语言把需要告诉对方的问题、意见叙写清楚。如果属于复函，还要注意答复事项的针对性和明确性。

结束语，通常应根据函询、函告、函商或函复的事项，选择运用不同的结束语，如"特此函询（商）""请即复函""特此函告""特此函复"

等。如属便函，可以像普通信件一样，使用"此致""敬礼"。有的函也可以不用结束语。

落款一般包括署名和成文时间两项内容。署名即发文机关全称，写明成文年、月、日，并加盖公章。

下面是一则实例。

国务院办公厅关于同意河北、浙江、湖北省
开展行政备案规范管理改革试点的复函

国办函〔2021〕68号

河北、浙江、湖北省人民政府：

你们关于申请开展行政备案规范管理改革试点的来函收悉。经国务院同意，现函复如下：

一、国务院同意河北、浙江、湖北省（以下称三省）开展行政备案规范管理改革试点。试点期限为1年，自2021年7月1日起至2022年6月30日止。试点范围为省级、设区的市级、县级人民政府部门实施的全部行政备案事项（参加试点的设区的市级、县级人民政府由省级人民政府确定）。原则同意三省有关试点方案，请认真组织实施。

二、试点工作要坚持以习近平新时代中国特色社会主义思想为指导，全面贯彻党的十九大和十九届二中、三中、四中、五中全会精神，落实党中央、国务院关于深化"放管服"改革、优化营

商环境的决策部署，完善行政备案管理制度，全面梳理、严格规范行政备案事项，确保事项合法、程序规范、服务优质，进一步减轻企业和群众办事负担，更大激发市场主体活力，为全国行政备案规范管理改革积累可复制可推广的经验。

三、三省人民政府要精心组织实施试点工作。一是深入研究行政备案管理面临的突出问题，有针对性地制定本省行政备案管理具体办法。二是全面梳理行政备案事项，编制并公布覆盖省、市、县三级的行政备案事项清单，没有法定依据的，原则上要全部取消，实现清单之外无行政备案事项。对以备案之名行许可之实的，要坚决清理纠正。三是分类规范行政备案事项。列入行政备案事项清单的，要严格依照清单规定实施备案，推进减环节、减材料、减时限、减费用；可以通过信息共享实现管理目的的，原则上不再要求备案。四是依托全国一体化政务服务平台等系统，推进行政备案网上办理、一网通办，聚焦一批企业和群众办事高频事项探索实施智能备案。制定行政备案信息的数据标准，打通有关信息系统之间的数据接口，推动行政备案信息归集、共享、运用。五是鼓励三省根据本省经济社会发展需要，探索有本地特色的试点举措。

四、国务院有关部门要按照职责分工，积极支持三省开展试点工作。国务院办公厅、司法部要加强跟踪指导，积极协调解决试点中的难点问题，及时总结推广实践证明行之有效的典型做法和有益经验。

五、试点过程中需要暂时调整实施相关行政法规、国务院文件和经国务院批准的部门规章的部分规定的，按规定程序办理；经全国人大常委会授权，可暂时调整实施有关法律规定。试点中的重大问题，三省人民政府、国务院有关部门要及时向国务院请示报告。

国务院办公厅

2021年6月28日

— · · ·

这是一则复函。正文开头"你们关于申请开展行政备案规范管理改革试点的来函收悉"，以作复函缘由。继而用"经国务院同意，现函复如下"一语过渡到主体部分。主体部分直陈其事，用简洁得体的语言把需要告诉对方的问题、意见叙写清楚。内容针对性强，回复事项十分明确，表述严谨，行文规范。

函的写作，要注意行文简洁明确，用语把握分寸。无论是平行机关还是不相隶属机关的行文，都要注意语气平和有礼，不要倚势压人或强人所难，也不必逢迎恭维、曲意客套。至于复函，则要注意行文的针对性，答复的明确性。

在实际中，函特别是复函与答复报告有某些相似之处，容易混淆，需要认真辨析。两者的区别主要有以下几个方面。

一是行文方向有所不同。按照行文方向，可以将公文分为下行文、平行文、上行文。函适用于不相隶属机关之间商洽工作、询问和答复问题、请求批准和答复审批事项，是典型的平行文；报告则是典型的上行文，适用于向上级机关汇报工作、反映情况，回复上级机关的询问，以使下情上达，便于上级机关准确有效地指导工作。

二是功能范围有所不同。函和报告除了具有答复功能外，还有其他功能。函除了复函，还有发函（包括需要回复的申请函、商洽函、询问函和不需要回复的告知函）；报告，除了答复报告，还有工作报告、情况报告等。另外，复函可以对应来函，在特殊情况下也可以回应请示，即取得直接上级机关授权的办公厅（室），可以用"复函"代行"批复"的职能。报告既可以回应上级下发的通知、获得授权的办文机构的来函等公文，也可以回应上级转来的信件或上级打来的电话等，发文事由灵活多变。

三是标题拟制有所不同。党政公文的标题由发文机关名称、事由和文种三部分组成，函和报告也不例外。但两者的标题又有所不同。函的标题，如果是发函，则写为"××关于××××的函"；如果是复函，一般标题中要体现"复"字，写为"××关于（同意）××××的复函"。无论何种形式的报告，标题都可以直接写为"××关于××××的报告"，有的单位将回复上级询问的报告的标题写成"××关于××××的答复报告"是不妥当的。

四是语言风格上也有所不同。复函和答复报告的行文关系不同，受文对象不同，因而语言风格也呈现一定的变化。复函作为平行文，语言表达和缓诚恳，注重礼貌，以体现对对方的充分尊重。答复报告作为上行文，语言表达谦虚恭敬，以表现下级对上级的尊重与服从。复函和答复报告的行文语气和常用语也有所不同。引述来文时，不相隶属机关之间使用的复函的发文引据一般用"贵单位《关于……的函》收悉"的语句，称呼对方时用"贵"字，体现对对方的尊重与礼貌，然后用"经研究，现答复如下：同意……"的句式，下文中只要提到对方单位，便应以"贵"字当头。答复报告常用"×月×日《关于××××的函》收悉"或"×月×日××机关（单位）转来的×××文已悉"，然后用"经调查（了解），现将有关情况报告如下：……"等句式组织文字，显示对上级机关所安排工作的重视。俗话所说的"对什么人说什么话""在什么山头唱什么调儿"，在这些具体表述中都有所体现。

此外，二者在机关代字上也有所不同。发文机关代字是发文字号的重要组成部分，一般由机关代字与发文性质代字构成。函、报告在行使答复功能时，在机关代字上也有所差异。复函的机关代字相对简单，就是"×函"。报告属于典型的上行文，机关代字应写作"×发"，此处的"发"并非"下发"之意，而是指采用了"文件格式"，以区别于"信函式"公文。在结语使用上，复函一般用"特此函复"或"专此函复"作结。答复报告一般用

"特此报告"作为结束语。

关于函的文体特点和用语规范，我们通过蔡元培因为一个字而道歉的故事来加以说明。

1912年2月12日，清朝发布清帝退位诏书。1912年3月，蔡元培就任中华民国教育总长。民国教育事业处于草创期，急需人才充实力量。这时，蔡元培在报纸上读到了京师大学堂教员胡玉缙写的文章，对他的才华很是赏识，决定邀请他到当时的教育部任职。

蔡元培指示下属官员起草一封信函，请胡玉缙来民国教育部任典礼官。这封致胡玉缙的信函全文为："奉总长谕：'派胡玉缙、王丕谟接收典礼院事务，此谕。'承政厅谨传，等因。"

胡玉缙当时不出名，受如此盛情邀请，本该十分感激，但出乎意料的是，胡玉缙接到邀请信后，给蔡元培写了一封抗议信。

原来，胡玉缙对来函中的"谕"字十分不满，一来，"谕"字是"亡清陋习"，是清朝用的词汇，现在都民国了，应该摒弃不用。二来，"谕"字是政府里面上级对下级发号施令的文体，他认为自己是前清的官员，跟现在的民国教育部没有隶属关系，所以也不接受民国教育部对他发号施令，"未知从何谕起"。

胡玉缙致蔡元培的函全文如下。

昨晚接大部来函，内开："奉总长谕：'派胡玉缙、王丕谟接收典礼院事务，此谕。'承政厅谨传，等因。"展阅之下，无任惶悚。窃念民国下级官当服从上级官，此不易之理。惟"谕"字似承亡清陋习，现虽一切程式尚未规定，而专制性质之字样，必屏而弗用。民国前途，方有冀幸。况玉缙为前学部人，与今教育部初无继续之关系，未知从何谕起！在玉缙略具知识，甚愿为民国服务。如相契以道德，固所乐从；若以为犹是希望先生之谕而不可得者，则民国之大，此辈车载斗量，亦何必以玉缙滥厕其间。先生富于共和思想，玉缙亦珍重民国前途，用敢直陈，惟恕其狂愚，幸甚！肃此布肊。

　　敬颂

　　台安

胡玉缙敬启

五月卅一号

我们知道，凡是政府公文，都有一套文体规范。这既是公文权威性的体现，也是信息高效传递的需要。公文按照信息传递方向，可以大致分为上行文、下行文、平行文。下行文里的"通知"，主要是用来指导工作、布置任务的，而平级机关之间行文，用的是函。

蔡元培虽然是民国教育总长，但与胡玉缙之间并没有直接隶属关系，请他帮忙，应该用邀请函而不是通知（谕）。意识到自己的疏漏后，蔡元培给胡玉缙写了一封道歉信，全文如下：

· · ·

复胡玉缙函

（一九一二年六月初）

绥之先生大鉴：

　　于报端得读大著《孔学商榷》篇，无任钦佩。深愿得一朝夕奉教之机缘。适有接收典礼院一事，似与先生所精研之孔学不无关系，故以奉烦。无论专制共和，一涉官吏，便不能免俗，曰谕，曰派，皆弟所鬾然不安者。以冗故未遑议，致承政厅遂袭用之。奉惠书后，即传示厅员，彼等有所答辩，附奉一览。字句小疵，想通人必不芥蒂。民国初立，教育界除旧布新之事，所欲请教者甚多，尚祈惠然肯来，相与尽力于未来之事业，敬为全国同胞固以请。

　　并维起居安善为祝

蔡元培敬启

• • •

　　信中蔡元培为自己的错误表示歉意，并希望胡玉缙大人大量不要计较，最后再次邀请，延揽人才的急切心情和诚意跃然纸上。胡玉缙也为之感动，欣然接受了邀请。从这个故事中，我们也看到，公文用语是很规范的，不能随意混淆。

第四课

Lesson Four

常用事务性公文写作指南

上一课我们重点讲述了几种常用法定公文的写作方法，这些都是中央机关公文处理条例和国家行政机关公文处理条例中规定的文种，具有行政法律效力，更加重视格式的统一规范。与之相应，还有一类事务性公文，是党政机关和企事业单位处理日常事务时用来沟通信息、总结经验、安排工作、研究问题的实用文体，也是应用写作的重要组成部分。由于这类文体处理的日常事务也是公务，所以也属于广义的公文范畴。

本节课我们重点围绕工作总结、经验材料、信息与简报、计划方案、调研报告等常用的文体，讲述主要事务性公文的写作方法。我们把它们分为四类，分别为总结类公文、信息沟通类公文、展望类公文和研究建议类公文。

事务性公文以实用为上

事务性公文与法定公文都是在公务活动中广泛使用的，都具有较强的政策性、规范性和针对性。但也有明显的区别。

从作者身份来看，法定公文的作者是各级领导机关、单位或其领导人；而事务性公文的作者可以是具体职能部门，也可以是机关工作人员。

从格式规范来看，法定公文有国家规定的严格统一的法定格式，有严格的制作权限、行文规则和处理程序；而事务性公文的格式是约定俗成的惯用格式，不像法定公文那样有严格的要求，也没有严格规范的制作权限、行文规则和处理程序。

从实际作用来看，法定公文具有很高的权威性和约束力，其法定作用极其明显；事务性公文只有参考和指导作用，而不具有法定作用和效力。

从行文方向来看，法定公文可以单独形成文种，用"红头"文件直接发布，且有固定的行文方向；事务性公文常借助某种公文作为载体发布，行文方向相对更为灵活。

从表现手法来看，法定公文以说明为主，兼用叙述和议论；事务性公文在结合运用上述三种表现手法的同时，可以适当运用描写甚至抒情等文学手法。

归纳起来，事务性公文具有以下几个鲜明特点。

第一，对象比较具体。事务性公文虽然不像法定公文那样，必须写明负责公文处理的主送机关，但其写作对象也是十分明确的。一份事务性公文是为哪些人撰写的，要求哪些人了解并使用，都需要很具体。事务性公文的撰写者首先要对写作对象的范围和特点有充分的了解。

第二，格式相对规范。事务性公文的格式，虽然不像法定公文那样有着非常严格的规定，但在长期的应用中也形成了比较固定的惯用格式。各种事务性公文的构成要素及各构成要素的写法，通常有一定的规则。遵循这些规则，写出的事务性公文才能合乎规范，便于人们使用。

第三，内容要求实际。各类事务性公文都是为解决问题、处理事务而撰写的，撰写事务性公文要以能够满足实际需要为原则。观点的确立、材料的使用既要切合实际，又要具体可行。写作形式的运用，要讲究实际效果，有利于内容的落实。

第四，写作讲求时效。一项工作的完成，一个问题的解决，大都有一定的时间要求。为完成工作或解决问题而撰写的事务性公文，只有在限定的时间内及时完成，才能发挥应有作用。

顾名思义，事务性公文的精髓，就是写好相关的"事务"。因为它是用来处理实际事务的应用文体，要推动实际工作，解决实际问题，所以应该始终围绕工作的现实需要着手着墨。好的事务性公文，让人看了能在最短的时间里明白"为什么"、知晓"办什么"、了解"怎么办"，把问题、道理、措施、要求表达得干净、清爽、明白。简单地讲，事务性公文就是要对推动工作、解决问题管用、有用、实用。

事务性公文有鲜明的针对性，或是指导工作、布置任务，或是反映情况、请示问题，或是联系事宜、商洽工作，都有具体明确的实用目的，都针对工作中发生的新情况、新形势、新矛盾、新问题，提出解决办法和措施。写作事务性公文的时候，我们要有的放矢，注意内容的针对性和操作性。

例如，计划是机关、团体、企事业单位对一定时期的工作预先做出安排时使用的一种公文，主要用于对未来的工作任务提前拟定目标、步骤和方法等，以做到事先心中有数，减少工作的盲目性。常见的规划、部署、安排、设想、打算、方案、要点等，都属于计划性文体的范畴，计划其实就是围绕"事务"来展开其主要内容的。那么如何写好"事务"本身呢？首先，扼要说明制订该计划的缘由、根据，对完成任务的主、客观条件进行分析，说明完成该计划的必要性与可能性。其次，介绍计划的具体内容，即在多长时间内完成哪些任务，并设计完成任务的步骤和方法等。最后，在结尾提出重点或强调有关事项，做出简短号召，或提出保障措施等。

事务性公文的目的是推动工作，因此具有强烈的导向性。这一属性在工作报告、调研报告、领导讲话中体现得尤为明显。平时我们评价某个报告或演讲稿写得好，往往会说它具有"针对性、前瞻性、指导性"，这些方面的特质，莫不是以问题为圆心、从有利于解决现实具体问题方面来评判的。工作中要解决问题，必先认清问题；欲要认清问题，必先研究工作，把握规律，从而有针对性地提出具体办法。所以，事务性公文要着力于发现问题、分析问题、解决问题，使文章的指向始终聚焦在所要解决的具体问题上，针对问题讲道理、提措施，在统一思想、达成共识、协调步调上着墨使力。只有始终坚持问题导向，抓住解决问题这个根本，才能抓住文章写作的根本方向，才能避免写出些不痛不痒，甚至中看不中用的浮泛文字。

▎总结类事务性公文　工作总结与经验材料

我们先讲事务性公文中的一个大类，就是总结类事务性公文，主要包括工作总结和经验材料。

工作总结是每个人都要用的一种文体，它是对一定阶段内已经做过的工作进行理性系统的回顾梳理、分析研究和总结提升，目的是吸取经验教训，以利于加强和改进今后的工作，为以后的工作奠定基础。

总结的应用极为广泛，从不同角度可以对工作总结进行不同的分类。根据内容的不同，可分为工作总结、管理总结、学习总结、活动总结、会议总结等。根据范围的不同，可分为全国性总结、地区性总结、部门性总结、本单位总结、班组总结、个人总结等。根据时间的不同，可分为月总结、季总结、年度总结、阶段性总结等。根据性质的不同，可分为全面总结和专题总结两类。

工作总结一般由标题、正文和尾部三部分组成。

标题大体上有两类构成形式。一类是公文式标题，其规范的写法由单位名称、时间、事由、文种组成，如《××集团公司2022年度思想政治工作总结》，这是要素齐全的标题形式；有的总结在特定语境下（如阅读者清楚背景的情况下），标题可适当省略，如只写《乡村振兴工作总结》，甚至只写《工作总结》；另一类是非公文式标题，也叫观点性标题，即用一个观点概括文章内容，而且往往有一个副标题加以说明。例如，《内聚士气，外树形象，凝心聚力促发展——××公司2022年宣传思想工作总结》等。

正文由前言、主体、结尾组成。前言即正文的开头、引子，简要概述基本情况，交代背景，点明主旨或说明成绩，做必要的铺垫。主体是总结的核心部分，其内容包括做法和体会、成绩和问题、经验和教训、下一步的思路打算等。这一部分要求在全面回顾工作情况的基础上，深刻、透彻地分析取得成绩的原因、条件、做法，以及存在问题的根源和需要从中吸取的教训，揭示工作中带有规律性的东西，提出今后的工作目标和计划。结尾概述全文，可以说明好经验带来的效果，也可以提出今后努力的方向或改进意见。

尾部。包括署名和时间两项内容。如果标题中已有署名，则可不再写。

工作总结的各项要素内容，从写法上来说，也有相应的一些要求。具体如下。

标题要对。一般情况下，提倡要素齐全的规范公文式标题写法，其意义在于：一是便于存档；二是便于查找。

前言要精。前言应短而精，官话、套话、废话要少，尽早进入主题。

总结要全。总结主要分两大部分，第一部分是业绩，第二部分是特点。业绩部分要在全面系统梳理的基础上进行概括提炼，从不同的方面分述，定量与定性相结合，但条数不宜太多，否则会变成流水账。特点是全文的精彩之处，主要写独特的地方、主要的亮点、重点的成绩、取得成绩的经验等，这部分写得要比业绩部分更精练、更浓缩，主要是一些"干货"。

不足要准。对于存在的一些问题、不足和遗憾，公文写作者一定要找准写好。特别是要把领导认为存在的问题、群众普通感觉存在的问题和阻碍自身发展的主要问题找准、找对，深刻反省，写深写透。不足的条数一般不超过业绩、特点的条数。

改进要实。针对不足和问题，如何改进和提高，这部分一定要写好，要形成具体的办法和措施、步骤，不能虎头蛇尾，也不能空喊口号。

工作总结要写好，重点在于言之有物，实实在在，有比较充实的内容，不能干瘪空洞。但"有物"不能是堆砌，而是要对基础素材进行必要的加工，进行必要的概括和归纳，选取合适的角度对素材进行梳理。选择合适的角度，对写好总结十分重要。针对不同的工作内容，不同的题材，适宜的角度也是不一样的。例如，根据工作职能进行总结，根据采取的工作思路进行总结，根据工作特色和取得的成效进行总结，根据主要的工作措施进行总结，根据参与主体进行总结等，不一而足，关键要具体内容具体分析，从以上各种角度中选择合适的。

我们说，总结总结，其实是先总后结，总是总揽情况，结是结晶思想。总结要写好，要做到情况清楚，思想有力，写法上还要创新。

首先，总的情况要清楚，做到心中有数。既要进得去，就是要朝着"更加清楚"的方向下更深的功夫，又要出得来，就是要跳出局外对照比较。这样，就更清楚哪些是真正的成绩，哪些是主要问题，哪些事大哪些事小，哪些当写或不当写。

在"总"的过程中，要提升认识的深度，从情况总汇到情况总揽。情况总汇是"一天说不完"，把情况了解得全面丰富；情况总揽是"一两句话可以说明白"，准确掌握情况当中的要害。总汇是基础，总揽是升华。总汇需要花功夫，总揽需要有能力，这种能力是从总体上驾驭、从宏观上把握、能够提纲挈领的能力。

其次，要结晶出思想认识。总是事实，是依据，是基础和前提；结是结论，是思想，是本质和规律。我们说，总结总结，总易结难，总结的根本特性就在"结"上面。如何才能结出思想来？答案是要做到"四个坚持"。

一是坚持实事求是的根本原则。在实事的基础上求是，求本质求规律。既要"就事论事"，更要"就事论是"。二是坚持运用科学思维方法。既要看到现象，又要看到本质；既要看到主流，又要看到支流；既要看到成绩，又要看到问题；既要看到前景光明，又要看到道路曲折。三是坚持与时俱进的态度。工作总结要与时代和社会"同频共振"，体现时代性，保持先进性，力求前瞻性。四是坚持特色总结的追求。特色贵在发掘，贵在比较。一方面，先要有工作特色，再有总结特色；另一方面，工作总结也有"能动性"，也有一般工作的特色总结。特别要注意发掘事物背后的本质规律，这是特色的根本来源。

最后，文章贵在创新，工作总结写作的创新应该是全方位的。一是思想上创新。主题思想是主线，支点思想是精彩观点，也是主题思想的细化和展开，一般表现在经验和体会里，也可表现在做法与成绩里，还可表现在问题和教训里。二是材料选择上创新。工作总结对材料有"两次需要"：第一次是需要"大量地占有材料"，第二次是需要"围绕主题精选材料"。最后用在工作总结中的材料，要适量，要准确，要典型。三是结构上创新。工作总结的格式大都是两段式或三段式，成绩一段，经验体会一段，后面再写问题和打算，这是常规。但常规也是可以打破的。从时间上布局也可，从空间上调度也可，夹叙夹议也可，用关键词串联也可，无一定之规。四是语言上创新。工作总结的语言特色，应该追求平实、简洁、生动、深刻、精辟、有力。其表述手法多用叙述、议论，可用描写，偶尔还可抒情。最好能有点睛之笔，尽量让人记住一两个好句子。

说完了工作总结，我们再来看经验材料。顾名思义，经验材料就是要给人介绍经验的，阐述自己值得一提的经验、做法，以期引起受众的关注和重视，得到别人的肯定和赞赏，而且这些经验是具有启发性、普适性的，能被推广、扩散，甚至能够被复制的。

乍一看，经验材料和工作总结"长得有点像"，但二者的区别也很明显。首先，工作总结对内对外都有，经验材料主要是用来对外进行交流分享和推广使用的；其次，工作总结以成绩为主，侧重于事实，经验材料则以经验为主，侧重于观点和体会；最后，工作总结基于系统的梳理和盘点，更强调全面性，而经验材料重在找出特色亮点和成功经验，更强调典型性。从某种程度上说，经验材料是工作总结的高级版，它不但有成绩，还有经验，在事实之中融入了理性认识，进行了升华和提炼。

经验材料不属于正式文件，也不是规范性公文，没有特别的规定，没有固定的格式，是应用文中限制最少的文种之一。从结构上说，经验材料一般由标题、开头和主体三部分组成。

经验材料的标题有公文式标题、观点式标题、新闻式标题三种基本类型。所谓"公文式"标题，即标题的写法类似于法定公文，由单位名称、事由和文种组成，如《河北省廊坊市人民政府关于加强县级科技工作的经验介绍》等。这种标题的优点是庄重平实，基本信息交代清楚；缺点是生动性较差、缺乏个性、公式化，不能提供更为具体的内容信息。

所谓"观点式"标题，即标题的写法往往由文章的主要观点构成。这种标题的优点是比公文式标题能够提供更为具体的信息，特别是可以采取多种修辞手段营造生动效果以吸引读者，如提问式标题：《如何打通为民服务的"最后一公里"？》；比喻式标题：《架设产学研沟通的"桥梁"》；引用式标题：《安得广厦千万间——××市安居工程建设做法与思考》；口语式标题：《莫把办实事变成"表演秀"》；对偶式标题：《多"做功"，少"坐功"》；排比式标题：《政治上增"三力"，思想上树"三观"，行动上铸"三铁"》；反复式标题：《让"第一生产力"真正成为第一》等。这类标题灵活多变，比较生动，缺点是读者不能从标题中直接了解单位、文种等基本信息，缺乏文体感（不能通过标题区分是公文还是评论）。

所谓"新闻式"标题，即标题的写法类似于新闻消息，整个标题由主标题和副标题分双行组合而成，又称"双行式"标题或"组合式"标题。例如，《我们何以三年跨出三大步？——××市发展"双高"农业的几点体会》等。这种写法实际是融合前两种写法而成的，即主标题在上，是一个"观点式"标题，副标题在下，是一个"公文式"标题。由于二者优势互补，因而目前被人们普遍采用。需要注意的是，在上的主标题一定为"观点式"，在下的副标题一定为"公文式"，二者位置不可颠倒。因为，有感染力的"观点式"标题应当在前才有利于发挥其吸引读者的作用。

经验材料开头部分由"总述、总评、主旨"三个要素组成。开头先总述总结对象过去的工作和工作背景以及对过去工作的评价，然后用"现将主要经验总结如下"一类的语句点明主旨并作为过渡，转入作为文章主体的分旨部分。

经验材料主体部分的要素构成和写作要点与一般的总结材料有较大不同，由"思路、做法、效果"三个要素组成。

"思路"，是"经验"最核心的内容，是工作成绩背后的思想意图，这一要素的写作要求是"清晰、正确"。"清晰"即明白、清楚，不能含糊其辞、不知所云。"正确"即符合客观规律，具有科学性。

"做法"，就是实现思路目标的具体途径，"做法"的写作要求是"具体、切实"，是非常具体且能够直接仿效的，内容精当，且是切实有效和可行的。

"效果"，就是由思路和做法产生的结果。经验需要效果来证明，以增强人们仿效的愿望与信心。"效果"的写作要诀是"真实、充分"，即这部分内容是实实在在发生的，不能胡乱捏造，是全面展示的效果，不能攻其一点不及其余。

除开头概述，经验材料的主体部分一般由若干条经验组成（一般不超过三条，最多四条，条数太多容易引起别人心理逆反），而每条经验则按"思路、做法、效果"三要素进行循环陈述。每条经验前可用小标题强调。如果经验只有一条，则主体部分只由"思路、做法、效果"三个要素组成。

有了经验，也进行了梳理和提炼，那什么样的经验材料才算好的经验材料呢？我们说，写经验材料没有现成模式，没有标准套路，只有在实践中去体会、去探索，才能把它写好写活。可以用以下几个标准来衡量。

一是题目上，口子要小，立意要新。口子张得太大，什么都想写，反而什么都说不透。反之，口子收得小一些，集中写某个方面的经验，不仅能写得充实生动，还能起到"小中见大"的作用。立意要新颖独到，"出新"不是脱离实际地哗众取宠，而是要通过对材料的提炼，发现他人未发现的东西，抓住普遍存在而未能很好解决的问题，或者人们都想办而不知怎么办的事情去总结和提供经验。标题要朴实醒目，总的原则是既要力求朴实，让人一看便知主题是什么；又要力求醒目，让人看了能留下深刻印象。

二是素材上，情况要真，挖掘要深。经验材料靠事实说话。要写出有价值的经验材料，首先要在调查情况、占有素材上下功夫。在这个过程中要注意几点，第一，要围绕主题挖掘素材。通常有两种情况：一种是目的很明确，这种时候围绕主题，按照既定方案去了解效果和寻找事例。另一种是目的不是很明确，这时就需要通过初步调查，尽快把主题大致明确起来，然后再围绕主题去充分挖掘和占有素材。

第二，要点面结合挖掘素材。点，是指典型事例；面，是指综合情况。有点无面，经验就缺乏说服力；有面无点，经验则缺乏感染力。因此，在挖掘素材的时候，既要注意掌握面上的情况，又要注意了解典型事例。与其把十个例子点到，不如把一个例子写好。

特别提醒的是，要不带框框挖掘素材。在实际工作中，如果总是先搭好架子再去了解情况，这样很容易挖掘不深。正确的方法应该是把重点放在了解典型事例和综合效果上。这方面的素材充分占有了，主题、观点、做法、体会等都可以从中产生。

三是结构上，谋篇要精，布局要好。常用的结构形式有两种。一种是横式结构，从几个侧面和角度来说明，相互之间为并列关系。它们之间既不能互相代替，也不能出现遗漏，不能把大小不一的问题相提并论。另一种是纵式结构，按照事物发展过程来叙述。几个观点或做法，既互相联系，又逐步深入，相互之间为递进关系，不能违背规律而任意颠倒。此外，也可以采用纵横交叉的结构，就是在总体的横式结构中，穿插使用纵式结构，或者反过来，在总体的纵式结构中，穿插使用横式结构。

无论采用何种结构形式，具体到每个问题或每个做法，一般都由思路、做法、效果三要素构成，也可以理解成"为什么、是什么、怎么样"。"为什么"，即提出问题，讲清目的；"是什么"，即回答问题，交代做法；"怎么样"，即运用结果，证实效果。

四是文字上，行文要活，语言要精。在具体写作过程中，需注意以下几点：第一，思想、文字都要精。思想要精辟，抓住要害，有深度，防止一般化；文字要精练，三言两语就切入正题，引出下文，不要弯弯绕。第二，表述方式要灵活。条理不清不行，但通篇"一是、二是"也容易显得死板。只有把条理与灵活这两者都照顾到，才能做到既思路清晰，又生动活泼。第三，进入角度要有异。在同一篇经验材料中，每个问题的进入角度最好有所区别。为了避免雷同，有的从正面切入，有的从反面切入，有的从侧面切入。

信息沟通类事务性公文　信息与简报

信息与简报是日常工作中经常接触的公文体裁，是机关单位上传下达的重要载体之一。信息与简报篇幅短小，内容集中，文字简洁，不拘一格，是十分灵活的文体。它们虽不像法定公文那样有固定格式，但也不是全无规律可循。

信息的作用包括四个方面，简单讲就是，宣传、协调、交流和引导。从内容上来分，信息大体可分为动态类、经验类、问题类、建议类、决策落实类等几大类。动态类信息反映某一方面的动态和新情况，内容单一简要，高度概括，结构简明，篇幅较短，主要交代时间、地点、任务、事件等要素，具有新闻报道的特点。经验类信息除了说明情况，还要交代背景和目的，具体介绍主要做法、成效，内容比较全面、完整，篇幅相对较长。问题类信息需要指出问题、分析原因，分析趋势或提出对策，旨在引起对问题的重视和警醒。建议类信息一般包括提出问题、分析问题、解决问题三个部分，重在提出解决问题的可操作性建议。决策落实类信息，包括贯彻落实上级重要精神的信息、反映上级重大政策举措出台后具体实施情况或存在问题的信息。特别需要注意的是，不管哪种类型的信息，只能一文一事，不要一文多事。

简报的作用主要有三个：反映情况，交流经验，传播信息。简报大体可分为：工作情况简报，主要用于反映工作中的动态和一般工作进展情况；经验交流简报，专门用来简要介绍一些工作经验；会议简报，在某一会议召开期间，为交流代表观点、反映会议动态而缩写的简报。

信息与简报既有联系，又有区别。我们可以这样理解，信息是内容的规定性，即所述内容属于信息范畴；简报是从形式角度来界定的，即是通过简报这种形式载体来刊载的。

信息、简报的写作要遵循几条原则。

一是求真。要做到"言必责实、行必责实"，内容来自客观事实，是实实在在发生的情况，没有主观臆造，没有未证实的猜测。二是求准。站在战略和全局的高度，准确把握工作思路，准确表达工作成绩，准确指出存在的问题。特别是涉及时间点、数据等关键信息时，不能出现任何差错。三是求深。要从大量信息中筛选有用的信息，从每一条信息中挖掘有用的部分，做到见人之所未见，找出规律性的东西，从而指明工作方向，给人以启迪。四是求新。注重思想观念、工作机制、工作方式等方面的创新，提供新情况，反馈新问题，启发新思路。五是求快。信息、简报的"时"和"效"是紧密连在一起的，没有时就没有用，没有用就没有效。公文写作者要紧跟现实发展变化，反应快速，突出新情况、新角度、新成效，做到第一时间快速收集、快速加工、快速提炼、快速报送。

把握信息、简报写作的基本要领，需要注意几个环节。

第一个环节是选题。善于抓选题体现在以小见大，以点带面。具体来说，可以做到"五个盯住"，即：盯住会议，确保常态信息不漏网；盯住时事，确保时事信息不"落下"；盯住文件，确保工作信息不掉队；盯住媒体，确保舆论信息有回应；盯住基层，确保原创信息有深度。

第二个环节是搜集素材。要围绕信息主题，收集足够的素材，确保有"干货"。

第三个环节是拟定标题。信息的标题，有的直述内容，一语破的、不绕弯子，以最具体、最直接的事实呈现给读者，使之一目了然；有的概括归纳，主要用于含有多方面的内容、信息量较大的综合信息；有的是评论建议，把对事实的评论、看法、意见或建议融入标题，并且在标题中常常直接用"建议……"等字眼。一篇好的信息，应当通过标题很好地传达信息的内容，做到题文一致、一语破的、简洁明快。

第四个环节是确定结构。信息、简报的结构，一般由标题、导语、主体等几个部分组成。在内容布局上可以灵活处理，既可以选一种适合于表达的逻辑结构或形式结构，也可以不依定规，有所创新。

第五个环节是撰写。信息、简报的写作，要做到简短，在尽量短小的篇幅中提供更多的信息；要逻辑严谨，观点和材料一致，上下文联系紧密；要思路清晰，层次分明，主次有序，脉络清晰流畅。做到以上几点，就能写出不错的信息、简报。

▎展望类事务性公文　计划与方案

计划、方案、思路、规划等文书，是大家在实际工作中经常会遇到的一类文体。我们把它们称为展望类事务性公文，也可以叫作计划类公文，就是机关、团体、单位的组织领导者从实际出发，对未来一定时期内的工作目标、任务、措施和实现步骤等做出的预测和设想，并把这些设想写成系统化、条理化的书面材料。这类文书虽未列为国家正式公文，但党政机关、社会团体、企事业单位及其他各种组织经常用到，使用的频率较高。

展望类事务性公文有计划、规划、方案、纲要、要点、打算、设想、预测和意见等类别，这些文种的内容写的都是未来，即还没有发生或将要发生的东西。但是，它们之间有范围、时间、粗细、远近等方面的差别。一般来说，规划、纲要的时间跨度大、范围广，带有全面性和长期性；方案、意见的时间跨度小，多指专项工作，思考得较细；计划的时间有长有短，内容可全面可单项，如五年计划、年度计划、季度和月度计划，其内容有国民经济发展计划、工业生产计划、教育工作计划等；设想、打算属于初步的或非正式的东西，设想的时间较长，打算的时间较短，思考不是很周密，带有粗线条的想法。因此，公文写作者可以根据内容、时间、重要程度等多种要求，确定选用哪一个文种。

这类公文都是面向未来的，内容是指向今后的，目的是指导和规范未来的工作，结果和成果也要在今后才能体现。它们的作用主要体现在几个方面：一是统一思想，凝聚共识。通过这样的文件，对某项工作如何开展，集中各方智慧，表达集体意志，形成共识，利于大家在理解的基础上更好地执行。二是明确规范、引导方向。对工作的思路、目标、任务、措施等给出方向、构想、要求，使工作的开展不偏向，不越轨。三是有章可循、有据可依，便于操作。对工作做出明确安排，让人可以照章操作，有明确的"指南针""路线图""时间表"和"工具箱"。

这类公文具有以下基本特点。

一是前瞻性。做任何工作都要有超前意识，而在写作展望类事务性公文时这一点尤为突出。因为，规划、计划必须事前制订，所以制订规划、计划必须有前瞻意识，这样才能使规划、计划立于不败之地。

二是创新性。不论是中长期计划，还是近期计划，其内容都要有新意。如果每年的计划都是"老套套"，那么这个计划可以不要。对一个地区来说，规划、计划中要有新思路、新措施。对一个企业来说，规划、计划中要有新产品、新技术、新的经营战略。所以，写展望类事务性公文一定要有创新精神。

三是指导性。规划、计划、方案等经过上级机关审批以后，就具有了权威性。它既是行动的方向，又是指导工作的根据。所以，写展望类事务性公文前一定要认真调查研究，慎重落笔，防止失误。

四是客观性。展望类事务性公文虽然是人们主观意志对未来的设想，但是，这种设想并不是幻想，或者胡思乱想，而是有依据、有实现可能的设想，符合客观事物的发展规律。一般地说，在写规划、计划前，我们先要深入调查，充分占有资料，了解各种因素，在此基础上，综合分析研究，提出切实可行的任务、指标和措施。因此，展望类事务性公文是主观和客观的统一，不是纯主观的产物。

五是集体性。体现为在起草的过程中要集思广益，深入调查研究，广泛听取群众意见、博采众长，也体现为文本内容要便于大多数人理解和操作。

六是严肃性。它的写作是严肃的，要贯彻执行好党和国家的有关方针、政策和上级的指示精神，有大局意识，反对本位主义，要实事求是，不能主观主义，要切合实际，不能好高骛远等；也指它在执行上有严肃性和约束力，推出了就要遵照实施，是可测量、可检查、可评估的，要有相应的部署、督导、检查及追责。

写作要求上，展望类事务性公文讲究思路清晰、内容具体、重点突出、职责明确、风险可控等，其中最关键的是合理可行。就是从实际情况出发定目标、定任务、定标准，既不要因循守旧，也不要盲目冒进。在时态上，主要是未来时，包括未来进行时，未来完成时。

展望类事务性公文的结构，大体可分为：

标题：这类公文的标题基本一致，都是发文单位加上事由再加上文种，比如《××公司2023年党建工作计划》《××大学50周年校庆活动方案》《××协会关于加强法律专业人才培训的实施办法》《××公司"十四五"发展规划》《××局2023年改革工作要点》等，其中，"单位"即实施主体，也就是重大活动、重要工作的组织、承办者，是一级机关、团体和组织、团队，在内部使用时单位名也常常省略；"事由"即具体的工作内容、活动事项。"文种"即"计划""方案""要点"等形式。无论采用哪种标题方式，标题都应力求简明、准确，使人一目了然。

正文：展望类事务性公文在通常情况下，分为四个部分：

第一部分，导言。它介绍写此公文的背景，交代其依据，说明写此公文的目的及其重要意义。

第二部分，任务。这部分是展望类事务性公文的核心，提出了奋斗的目标和方向。如果不提任务、目标，那就没有制订规划、计划的必要。任务包括两个方面：一是总的任务和目标，说明本地区、本单位在计划期内的总体任务及所应达到的目标；二是具体任务，如农业、工业、交通、财政、金融、科技、教育、文化、卫生等行业的任务和目标，以及发展的要求。总的任务要概括写，具体任务应分项、分条写。

上述内容是就大的、全面的计划而言的，至于短期计划和某项工作计划，不必这样分开写。总的任务和具体任务可合并起来，可以分条写，也可以不分条写。因为这类计划比较简单，内容又不太复杂。

第三部分，因素分析。这部分是对完成任务的可能性进行评估，说明完成任务的有利条件有哪些，不利条件或困难有哪些，从而充分利用有利条件，正视不利因素与困难。这部分可梳理成几条写，即有利条件有几条、不利条件有几条，对于那些不稳定的可变因素也要估计在内。

第四部分，措施和步骤。这部分是这类公文的重点，也是任务部分的延伸。没有任务，就谈不上措施；没有措施，任务就是空中楼阁。所以，展望类事务性公文有两大部分最重要：一个是任务，一个是措施。这是相互依存、不可缺少的两部分。写措施可梳理几条写，可用一、二、三、四序数词，亦可用小标题，使措施之间隔开，重要的措施放前面，次要的措施放后面，尽可能写细写实，便于执行单位操作。至于不太重要的措施，可概括写，一笔而过，也可省略不写。

以上这四个部分是有机联系的，是一环套一环的。不管展望类事务性公文结构如何调整，这样三个问题都是要回答的，即写作的依据是什么，它的任务是什么，怎样来完成这个任务。只有掌握这些原则，才能驾驭自如，写好展望类事务性公文。

不管是规划、计划还是方案，在组成要素上，都会有一些差异，但总体上说大同小异。例如，指导思想、具体原则，工作目标、重点任务，组织机构、实施步骤，保障措施，责任分工等，有时还有制定依据、适用范围等内容，根据不同文种或者不同的内容、功能，组成要素上会有所不同，应根据具体的语境和实际要求，进行内容的调整。

展望类事务性公文在结构框架上，也是大同小异的，总体上是总分式，或总分总式，而在主体正文部分，可以看作是并列式或者递进式结构，把内容逐一进行展示和罗列。一般按条款式写作，有时还可用图表等形式写作。

写展望类事务性公文应注意三点。

一是基础材料要准确。写作的各种基础材料，包括数据、信息、资源情况、历史资料等，一定要准确、真实，不能有假。如果以假材料为依据，推测出来的设想，将使规划、计划很难实现，还会造成重大失误。

二是任务、目标有余地。这类公文所提出来的任务、目标和各种措施、要求，一定要实事求是，既不能脱离现实、好高骛远，也不能因循守旧、停滞不前。所以，在任务、目标、措施上应留有余地，允许有上升的空间。也就是说，在充分调动群众积极性的基础上，经过努力，可以实现或超额完成计划。

三是语言风格要朴实。与总结、调查报告不同，这类公文不需要生动形象的语言，一般使用朴实庄重的语言。因为它的内容是要求人们未来做的工作，人们只有理解清楚，才能很好地执行。所以，语言要朴实无华，不能似是而非、模棱两可，特别是对任务目标的表述决不能含糊，一定要清清楚楚，表达准确。

▌研究建议类事务性公文　调研报告

调研报告是基于某种工作意图，对特定客观事物进行调查研究后，根据所掌握的真实情况以及所揭示的本质规律，对实际工作提出建议和意见、做出判断和决策的一种文体。调研报告的写作难度较大，作用和效果也很大。

不同种类的调研报告，其格式与写法总体上大致相同，但由于强调的重点和要求不完全一样，因此在写法上也有一定的区别。根据不同的内容，调研报告大体可以分为以下几类。

一是反映基本情况的调研报告。这类调研报告主要用于反映某地区、某领域或某事物的基本面貌，目的在于报告全面的情况，为决策者提供决策依据和参考。标题一般点明是关于什么单位或者地区的、什么问题的调查。例如，《关于××市主城区"夜市经济"发展的调研报告》。前言一般是介绍调查的缘由、目的、时间、地点、范围和方式等。由于主体内容涉及面较广，在写作上往往采用横向结构。例如，综合反映一个地区的情况，可从经济建设、政治建设、文化建设、社会建设、生态文明建设等若干方面来撰写；如反映某一方面的情况，则可分为基本概况、主要成绩、突出问题等若干层次。

二是总结典型经验的调研报告。这类调研报告主要用于对先进典型进行深入调查分析后，提炼出成功的经验和有效措施，以指导和推动整体工作。标题一般要反映主题，如《把宣传变成生产力、凝聚力、战斗力——对××公司加强宣传工作的调研报告》。前言大多采用概述主要成绩、发展变化，并提示基本经验的写法。主体部分需要充分展开，不仅要写具体做法，还要写切身体会；不仅要写感性认识，而且要上升到理性认识。结尾可归纳全文、强调主旨，或指出不足、展望未来。在行文语气上，总结典型经验的调研报告与经验总结不同，经验总结用第一人称，行文语气谦虚，总结典型经验的调研报告则用第三人称，可以热情赞扬，以促进经验的推广。

三是反映新生事物的调研报告。这类调研报告主要是用于报告和评价新生事物，帮助人们提高对新生事物的认识。这类调研报告写作的特殊性缘于一个"新"字，不仅要说明新生事物的孕育、产生和发展过程，而且要指出它是在什么样的环境和条件下产生的，经历了什么样的发展过程，遇到哪些矛盾、困难和问题；不仅要说明它的性质和特点，而且要指明它的作用和意义，包括对其发展前景的预测和未来发展方向的展望。在结尾时，这类调研报告还应如实指出它需要进一步完善的地方和可能带来的新问题，以利于改进和完善。

四是揭露问题的调研报告。这类调研报告可细分为两种：一种是为了研究解决工作中存在的缺点和问题，以及不良倾向而撰写的调研报告，目的在于揭示问题、反映情况，而不在于追究责任。另一种是为了处理违法乱纪事件或严重事故等而撰写的调研报告，这类调研报告不仅要以确凿的事实分清是非，而且要弄清性质、分清责任，提出解决和处理的具体意见。问题类调研报告的标题多采用揭露式的，有的甚至带有一定的感情色彩，如《触目惊心！×河河道竟沦为固废"垃圾场"》，这类调研报告不仅表明调研报告的主旨，也表明了作者对这一问题的态度，具有强烈的警示与提示作用。主体部分所反映的如果是一个具体事件，一般采用纵向结构；主体部分如果反映的是一种倾向和状况，多采用横向结构。在叙述完问题的主要事实后，要写出问题产生的原因、性质和危害程度。结束语有的可呼吁对问题予以重视或关注，有的可扼要提出解决办法或处理意见。

五是研究探讨性的调研报告。这类调研报告具有较强的探索性和论证性，主要用于研究探讨某项政策或工作，以统一认识，提出解决问题的办法，也可以用于在做出某项决策之前，进行可行性调研。这类调研报告的标题大多数采用直述主旨的方式，如《提高深海渔业产业附加值势在必行》；也可以采用提问的方式做标题，如《氢能会是下一个"风口"吗？——关于××市发展氢能产业的调研报告》。前言一般提出要探讨、解决的问题及研究此问题的意义。主体部分不仅事实材料要充足有力，还要进行充分论证，必要时应对不正确的意见进行批驳。因此，这类调研报告应把立论和驳论有机结合。结束语可采取归纳全文，强调主旨的方法来结尾，也可采用提出需要进一步探讨解决问题的方法来结尾。

调研报告的最大特点是尊重客观事实，用事实说话。它用调查得来的事实材料说明问题，用事实材料阐明观点，揭示出规律性的东西，引出符合客观实际的结论。写好调研报告，要领在抓住一个"真"字。真就是全面、客观、公正地反映客观事物的本来面貌，始终坚持两分法、两点论，防止主观片面性。

调查报告具有鲜明的说理性，其主要内容是事实，主要表现方法是叙述。但调研报告的目的是从这些事实中概括出观点，而观点是调研报告的灵魂。调研报告紧紧围绕事实进行议论，要求叙大于议，有叙有议，叙议结合。调研报告既要防止只叙不议，观点不鲜明；也要防止空发议论，叙议脱节。夹叙夹议，是调研报告写作的主要特色。

调研报告是事实与观点的结合，那么事实与观点从哪里来？我们要学会"两找"：找题材，找观点；做到"两动"："动脚"和"动脑"。

会找"题材"，善于抓重点，抓热点，抓难点，抓特点。概括起来，收集调研题材有"10字"法，即政策堆里"筛"题材，文件堆里"挖"题材，领导口中"理"题材，联系上级"摸"题材，参与活动"追"题材，深入基层"捞"题材，掌握规律"抓"题材，情况反馈"提"题材，跟踪问题"找"题材，沟通外界"求"题材。

会找"观点"。登高才能望远，应该站在政治的高度观察问题、站在领导的高度发现问题、站在全局的高度思考问题、站在理论的高度分析问题、站在发展的高度研究和提出解决问题的思路与办法。注意从理论与实际的结合点上找观点，从自己感受最深的问题上找观点，在不同意见的争论中找观点，在他人没有研究过或没有深入研究过的问题中找观点。

调查事实要勤于"动脚"。就是要迈出步子走下去，踏踏实实深入基层一线，深入到群众中去，像中医"望、闻、问、切"一样，亲眼去看，亲耳去听，亲口去问，把握问题的脉搏，切中问题的要害。而且要"横着走"，走出去，加强与兄弟单位的横向联系和沟通，要善于借鉴别人好的经验和方法。

处理调研材料要多"动脑"，既要强调和忠实于素材的真实性，又要透过现象看本质，去粗取精，去伪存真。基本要求有四条：一是理论上能自圆其说，站得住脚；二是不违背、不违反现行的法律、法规、方针、政策；三是理论联系实际，有针对性，符合国情和当时当地的实际情况；四是主题明确，情况清楚，内容具体，建议准确，语言简洁。

调研报告要坚持问题导向，注意明确目的性，突出针对性，注重实效性，确保操作性，关键是提出的措施要有坚实基础。写完调研报告并非万事大吉，还要努力提高成果转化率和贡献率。好的调研成果在转化中要做到"3个结合"。一是与形成规范性文件、制订政策措施相结合；二是与出主意、当参谋相结合；三是与加强宣传、推广经验相结合。

第五课
Lesson Five

公文写作成稿的主要步骤

本节课我们探讨一下一篇公文从无到有要经过哪些步骤和环节。在开始一次公文写作之前，我们要做一些必要的准备。具体来说，至少需要把握两个关键，即明确写作意图和把握接受者需求。开始写作之后，从立意、构思、谋篇到成文，一般要经过几个相同的步骤。我将其归纳为写作公文成稿的七个环节，依次为：定调子、理路子、搭架子、填肚子、梳辫子、戴帽子、过稿子。

把握两个关键

第一，明确写作意图。

写作意图，即写作的目的，企望取得的效果。有了目的，公文写作者才能明确方向，写起来才能有的放矢。相反，目的不明，就无从下笔，写起来也容易偏离方向。

公文写作者要使自己的写作变得高效和管用，应该做到的是，在每一次写作前，先问自己一个问题：我写这份公文到底要起到什么作用？如果没想清楚这个问题，请不要轻易下笔，因为很可能写了也是白写。只有明确了写作意图，才能做接下来的工作：选择合适的文体、从整体上进行构思、有效地组织内容素材、采用适当的语气和风格等。

例如，组织完成了一项重要的工作，需要给领导提交一个总结报告，那么首先要想清楚的是，写这个报告的目的是让领导了解工作成效，总结其中的经验和教训，并提出对未来工作的建议。只有明确了这样的写作意图，并将这一意图贯彻在后续写作当中，这份总结报告的写作才算得上是成功的。如果缺乏这样的考虑，为了写而写，漫无目的，写起来信马由缰，不着边际，把活动的过程写得啰啰嗦嗦，像讲故事一样，又有什么用呢？

再如，要下发一个通知，要求各所属单位提交某方面的资料，那么你写作的目的是希望接受者了解你的需求，减少信息的不对称，更好地执行工作要求。明确了这样的意图之后，在写这份通知时，就应该把要求尽可能写得具体详细一些，让人一看就明白，给出满意的反馈。

第二，把握接受者需求。

仅知道自己的写作意图是不够的，同样重要的一点是，把握接受者的需求，让自己写的东西能够"投其所好""适销对路"。如果不能很好地把握接受者的需求，写作就会变成自说自话，自然达不到效果。

接受者的需求是千差万别的。但概括起来，接受者的需求可以归纳为两种：利益的需求和情感的需求。

利益的需求，是指能给对方带来什么样的现实或潜在的好处与便利，当然这里的好处不是庸俗化的理解，而是包括能给对方提供什么帮助，提供的信息对接受者有什么价值，带来什么样的机会与可能性，能否引起对方的兴趣等。

情感的需求，是指给对方带来什么样的情感上的满足和愉悦，包括对方是否从中感受到尊重、得到认同，提供的内容是否符合对方的特点和习惯，是否就一些事情引起共鸣等。

这就要求，在写作时要充分把握接受者的需求，坚持"有利原则"和"双赢原则"，在双方利益的交会点和情感的契合点上多加考虑，寻求双方共识，使自己写的文稿成为沟通双方之间的有益桥梁。

例如，还以上面那个给领导写总结报告的事情为例，当要写这份总结报告时，先应该想到，领导想从中看到的是什么？肯定不是只想看到写作者在表功请赏，而是希望借此东西鼓舞士气，激励队伍，并从中找出有益的经验，加以推广使用，提升业绩，扩大战果。领导还想知道在这个过程中哪些地方做得还不够，应该加以改进，以便做得更好。

当知道了领导的这些需求后，自然就能更好地把握写作的重点，知道哪些地方应该详写，哪些地方应该略写，而不是洋洋洒洒写上一大篇，自己写得很兴奋，却都不是领导想看到的东西，根本没有抓住其核心需求。

除了以上利益需求外，领导的情感需求是什么呢？就是工作业绩让其感到兴奋、满足和自豪，足以证明自己的科学决策与有效领导，并且对未来的工作更加有信心，这些都是在写作公文时要考虑的。从接受心理学来说，让接受者产生积极的、认同的心理，是充分有效接受信息的前提。

还有一点需要考虑，就是提供的信息要符合领导的接受习惯和个性特点。每个个体的接受习惯是不一样的，有人喜欢条理清晰地说理，有人喜欢拿数据说话，有人喜欢使用案例来说明观点，只有知己知彼，才能找到最合适的方式。

从下级对上级报告工作的角度来说，还有一点是共同的，就是表述一定要精简。因为领导的责任是把握方向、做出决策，所以给领导的文字内容一定要提纲挈领，不要废话连篇。一个优秀的下属，要做领导的过滤器，而不是传声筒。领导的时间很宝贵，啰唆的文字，只会让其觉得你没有能力。

在公文写作中，接受者是因事因地因时而异的，如一份通知是发给一家单位还是多家单位，一次演讲是对内还是对外，一份简报是给上级还是给下级，一份邀请函是给老友还是给新识者……接受者不同，需求就不一样，写作者需要具体问题具体分析，在把握"有利"和"双赢"两条基本原则的基础上，根据情境灵活运用。

明确意图，把握需求，这是写作前需要做的思想准备。那么，正式开始写作后，我们要从如下几个环节依次加以把握。

定调子：目存于鹄，手往从之

定调子的表面意思是确定乐曲的调子，今多用于比喻在开会、开展某种活动、进行某项工作等之前，事先确定其基本方向。

用在写文章中，所谓调子，就是发文的意图，定调子就是要先搞清楚文章写作的目的是什么，方向是什么，基调是什么，就是要先给文章一个方向，再朝着这个方向去组织素材。

中国古人从事艺术创作十分强调"意在笔先""画竹必先胸中有竹""未成曲调先有情"。写文章也要先定调子，著名作家莫言曾说过："找到了叙述的腔调，就像乐师演奏前的定弦一样重要，腔调找到后，小说就是流出来的，找不到腔调，小说只能是挤出来的。"

公文作为党政机关实施领导、履行职能、处理公务的具有特定效力和规范体式的文书，要实现既定的拟制目的和预期的执行效果，其写作也必须做到：未动笔，先有"意"，要综合各方面的"意思"，形成特定的表达主旨。例如，拟制《关于增加人员编制的请示》，运思之中，理当隐含本部门职能扩大、任务加重、人手紧张的内在逻辑，归根结底，就是要体现好"增加编制的必要性"这一意图，全文的写作都应朝着这一方向展开，这也确保了文章的主题集中，严谨有序。在此意义上而言，定调子是公文写作者提高文字表达能力的看家本领，也是观察问题、分析问题、综合问题、表达问题的能力水平的体现，是决定行文走向和写作成败的关键。

公文写作者在动笔前，首要的一步就是定调子。事实也正是如此：当我们接受领导任务，开始进行一份文字材料撰写的时候，首先要有一个大概的目的和方向，清楚用什么公文种类去表达，把握好材料的基点。这样，我们才能有的放矢、正中靶心、循序渐进地写下去。否则，就会迷失方向，无的放矢，不得要领。

那么，应该从哪几个方面定调子呢？我们认为，至少应该把握好以下两点。

第一，基本要素要清楚。搞清楚公文材料的基本要素，就是在公文材料写作时，了解和把握公文材料的具体事项和规范要求，也就是有一个具体的"定位"。

一要清楚用文主体，明确发文机关。要准确地体现发文机关和受文机关的关系，即何人何机关发文与用文。

二要清楚受文对象，明确读者听众。公文的内容应交代清楚发送范围和阅读对象及听众。正如射箭要射靶子，弹琴要看听众。写作公文也要看对象，就是要清楚为什么写，写给谁看。如一份工作报告，若是报送上级机关，公文内容要多反映过去一段时间的工作情况、工作实效以及从工作中获得的规律与经验总结；如果该份工作报告下发给下级机关，公文的内容要在回顾过去工作情况与工作实效的同时，多写获得的规律、经验和教训，以及对过去工作的指导意义和重要作用。

三要清楚使用文体，明确文稿形式。由于重要文稿多是职务作品，在很大程度上，不是取决于个人的意图，所以写什么文体应由领导交拟任务时一并指明。由于公文的用途和目的不同，写作的要求和技法也不同，公文写作者要根据这些不同来明确文稿。例如，起草领导讲话稿，要适当活脱些，文字要尽量口语化；起草决定、决议、通知类文稿，文字必须严谨，用书面语；如果是工作总结，则与经验材料性质类似，但前者要细，后者要精等。只有文体清晰、文稿形式明确了，公文才能不跑偏、不走样。

四要清楚写作时限，明确成稿时间。即领导要明示应在什么时间内撰写好。许多公文材料的写作都受十分严格的时间限制，有时必须在一两天内撰写出来。因而，接受领写作任务时，一定要明确写作时限。

第二，原因目的要清楚。一般来讲，重要的文字材料的写作内容及要求具有特殊的规定性，这就需要搞清楚基本依据和遵循要旨。

一要明确写作动因、目的和需要解决的问题。凡动手写作，就有一个"写作意图""写作动机"，或表达情意，或宣事明理，或传授知识。没有目的，就没有材料。如果背离目的，再精彩的文字也只能是废话一堆，分文不值。因此，在接受组织和领导交代的写作任务时，你一定要完完全全、明明白白地弄清楚写作动因、目的和需要解决的问题，准确领会领导意图和要求。如果在起草公文前，你不了解领导意图，只能是自作主张，瞎写一气。当然，有时领导意图不可能那么具体、明确，这就要靠公文写作者平时对近期领导关注问题的掌握程度并发挥主观能动性了。了解了领导的意图，写作就有了"尚方宝剑"，就知道写些什么了。

二要明确写作方向和全局思路，这是全部写作活动的基本依据。由于上级机关的指示精神有时是指导性的、原则性的，或者领导仅有一个大体想法，这时你就需要将交代任务与组织讨论相结合，准确把握领导意图和精神实质，并进行必要的提炼、概括、完善、拓展、创新，融会贯通。同时，对于领导在形成意图时阅读过的有关文件和材料，你要认真学习和领会，善于站在上级、领导和全局的角度观察问题、分析问题、思考问题。你要达到与领导同步思维，从根本上实现双重作者的思想一致。

三要查找行文依据。公文主旨提炼出来了，明确了，接下来进入的程序便是查找行文依据了。需要指出的是，领导指令只是行文的缘起，行文的动因，并非行文依据。行文依据与行文缘起、动因是完全不同的。行文依据指行文所依靠的理论或事实，主要涉及法律依据、政策依据、现实情况和条件依据等。法律依据是公文行文的根本依据，公文是治国理政的具体方式、具体方法，必须依法，必须以国家法律法规作为最高标尺和最坚实的靠山。政策依据是指以国家现行的各种方针政策为行文依据。现实情况和条件依据指的是公文常常是为布置某项工作、解决某一问题而发布，其针对的正是具体的实际情况。公文行文必须有依据，越是重要的公文材料越要有依据，而且依据必须明确。

理路子：袖手于前，始能疾书于后

所谓理路子，就是研究推敲写作思路，围绕思路组织和研究素材，通俗地讲就是"构思"。

构思是指在动笔之前，对文章基本框架、内容和形式搞好总体谋划和设计，做到"胸有成竹"。古人云："作文之道，构思为先。"对于写作来说，构思犹如大厦建设之初的图纸绘制，它是起草文章的起步和开始，也是影响和决定文章质量高低的关键环节。

任何一篇好文章，都要经过一个深思熟虑的过程。如果急于成文而疏于构思，在行文之前对文章的主旨、题材、表达方式等设想不充分，就很难顺利进入写作过程。即使勉强进入，写起来也会困难重重，要么写不下去，要么半途而废；甚至推倒重来。构思若对，干活不累，构思不对，功夫白费，写作思路差之毫厘，整篇文章就会谬以千里。在此意义上讲，写作的构思阶段是必不可少的。清代戏剧理论家李渔说："故作传奇者，不宜卒急拈毫，袖手于前，始能疾书于后。"这正是对写作前构思的重要性的生动诠释。古今中外文学史上，也有大量实例证明上述言论的正确性。鲁迅先生创作《阿Q正传》，其小说的诸多情节、故事和人物形象，都经过了先生几年的反复思考与推敲，其间，折磨得先生"思想有鬼似的"，依然在未定框架中，直到《晨报》的编辑孙伏园向他约稿时，先生只用了两个月时间就"做完"了。正如鲁迅先生所讲的那样，他经过"静观默察，烂熟于心，然后，凝神结想，一挥而就"。世人皆知的文学巨著《浮士德》，是歌德老人用了六十年的心血磨砺出来的，因而成为世界上精工雕刻的典范，倾注了诗人一生的心血。可见，在艺术创作中，作者既需要"袖手于前"的艰苦准备，又要有"疾书于后"的妙然成章的跟随。"袖手于前"是基础和铺垫；"疾书于后"是收获和必然。

对于公文写作而言，构思就是指路灯塔。动笔前的构思是公文纲举目

110

张、气韵贯通的重要保证。一般来讲，在动笔之前，公文写作者应该先有一个通盘的构思，对下面三个方面的问题进行深入思考。一是"为什么写"，旨在解决写作的"思想认识"问题，杜绝"为写而写，越写越空"的现象。二是"写什么"，即明确写作内容的问题，提升表达的厚度和精度。三是"怎么写"，即谋划写作方法的问题，通过恰当得体的方法，实现文章内容和形式的有机统一。

虽然不同公文的写作要求不同，但其构思万变不离其宗，应遵循"高、新、实"的原则。所谓"高"，就是站在全局高度思考问题，善于运用开阔的视野和超前的思维，观察分析和处理新情况、新问题，透过现象看清本质，明确文章的"主攻方向"。所谓"新"，就是构思要力求有新意、有创意，奇特的构思往往能产生难以言传的效果。所谓"实"，就是坚持实事求是的原则，新颖实在。公文构思如果脱离实际片面求新，就会显得华而不实。

公文构思的基本任务主要有四项：一是统筹内容。内容安排要合理有序，如刘勰在《文心雕龙》中所说的，要做到"使众理虽繁，而无倒置之乖"。在纷繁中求条理，就是做到既内容丰富，又条理清晰。二是连贯首尾。作者构思时要使开头和结尾一脉相连，思想内容衔接连贯，完整准确地表达思想观点，使人看后能得其要领。三是关联左右。写文章就是积字成句、积句成段、积段成篇，段落和层级之间只有相互衔接、联系紧密、细密无缝，才能使文章条理清楚、脉络连贯。四是取舍素材。就是对所获得的素材进行取舍与定夺，做出合理安排。取舍就是保留对材料主题有用的，舍弃对材料主题没用的素材。定夺就是恰当安排素材，做到繁简适度、运用得当，更好地适应表现主题的需要。

公文构思的结果，应该是理出文章的方位、主题、标题、观点，以及论证观点的事实和道理。简要地说，构思可以遵循五个步骤展开。

第一步是确定方位，就是明确所写事项在全局工作中处于什么位置，从而找准写作思路的出发点。人的思路是有高下之分的。有的思路合情合理，十分紧凑，浑然一体，顺理成章。反之，有的思路忽此忽彼，漫无边际，不成体系。高水平写手的思维是开放的，构思文稿的坐标轴是立体的，应该有上下、前后、左右、内外八个维度。我们无论构思文稿还是谋划工作，都应该先吃透上级的精神，摸清下面的实情；了解过去的历史，把握未来的趋势；学习兄弟单位的好做法，借鉴系统内外、国内国外的好经验。只有做好这样的功课，才能找准写作的坐标，知道自己该写多长时间、多大范围的事情，从哪儿开始写起。

第二步是确定主题。主题是公文中贯穿始终的基本观点、主张和意图，是公文的灵魂和统帅。公文写作首先要确定主题，然后才能依据主题选材用材，布局谋篇。有了主题，公文就能提纲挈领，就会"举网以纲，千目皆张；振裘持领，万毛自整"。

第三步是确定标题。在公文写作中，文章的标题与主题密切相关，标题是主题的概括，是为主题服务的，标题是为了引导主题。"题好一半文""标题是文眼"，正说明了标题在文章写作中的重要性。确定标题时要重点考虑三个方面：首先，标题要与主题表现的思想内容、思想感情相适应，确切适宜地体现主题；其次，标题的文字要简洁明白，含意清楚，一目了然；最后，标题要醒目，有新鲜感、冲击力、吸引力。

第四步是确立观点。一般可以从三个方面进行考虑：一是从回答"为什么"的角度出发确立观点，把"为什么"的原因分析清楚。这种常见于领导讲话材料。二是从回答"怎么样"的角度出发确立观点，把"怎么样"的情况叙说清楚。常见于工作报告、调查报告、调研报告、述职报告等。三是从回答"怎么办"的角度出发确立观点，把"怎么办"的思路论述清楚。这种常见于工作报告、调查报告、领导讲话、述职报告等文章的后半部分，即政策建议和工作思路的论述部分。

第五步是选择材料。一般需要考虑四个因素：一是有用，能够为叙述和论证观点服务。对于不能为叙述和论证观点服务的材料，必须舍弃。二是真实，必须真材实料，不能使用虚假的材料，引经据典也要有出处。三是新颖，即富有吸引力，使用的是新的事实、数据、经验、理论等。四是典型，即有代表性，能够反映事物的本质、主流和发展规律，能够证明观点的正确性、科学性。

搭架子：成局了然，始可挥斥运斧

所谓搭架子，就是根据写作目的和占有的素材来安排结构，确定层次，拟出比较详细的写作提纲。

"结构"一词来源于建筑理论，汉代王延寿《鲁灵光殿赋》里就有"于是详察其栋宇，观其结构"之说，日本作家小林多喜二也说过"文章结构二字的字面意思和盖房子一样"。清代戏剧理论家李渔认为，写作如同"工师之建宅"，当把砖瓦木料准备妥当之后，要动工兴建时必须有一个全面的安排设计："何处建厅，何方开户，栋需何木，梁用何材，必俟成局了然，始可挥斥运斧。"这段话通俗生动地说明了结构的重要性。

对于公文写作来说，完整、严密的结构，能让公文繁复的材料主显宾从，各归其位。一般来说，公文结构有三层。

一是通过制文要素体现出来的文面因素，如密级、文号、签发人等，也叫浅层结构。

二是通过标题、开头、结尾、段落、层次、过渡、照应等体现出来的语言因素，也叫表层结构。其中，层次指文章各部分内容表达的次序，着眼于思想内容的划分，段落是行文时自然形成的基本单位，侧重于文字表达的需要。层次安排方式有总分式、并列式、递进式和对比式，根据公文写作者的思想或者线索来决定，段落划分强调的是集中、完整和匀称。过渡和照应是使文章内容前后连贯的重要结构手段。过渡起承上启下的作用，使先后相关的两个层次和段落上下连贯，前后衔接。照应就是文章前后内容关照呼应，能使结构严密，脉络连贯。至于怎样开头和结尾，则应从文章的整体出发，有利于主题的表达和全文各部分的和谐。古人云："起句当如爆竹，骤响易彻，结句当如撞钟，清音有余。"

三是通过"为什么，是什么，怎么样，怎么办"等问题体现出来的逻辑思维因素，也叫深层结构。公文主要是说理性质的文体，基本遵循"提出问题—分析问题—解决问题"的脉络形态，自身必须具有条理性、贯通性和严谨性，即分清先后顺序，有条不紊地表达思想；合乎逻辑，合乎人们的思维形式，使文章流畅贯通；思想脉络细密周严，没有漏洞。

围绕主题设计结构是起草文稿的重要方略，而结构的设计要通过列提纲的方式进行细化并固定下来，以便写作时有所遵循。

拟定公文写作提纲，就是搭建公文构成中的"骨骼框架"，是公文写作者思路要点的文字体现形式，有助于理顺写作思路，使公文的构造初步定局，避免丢三落四，前后重复，主次不合理等结构上的问题，也有助于在写作过程中把握写作意图和目的。这就好比"修房子"，只要把框架搭好，再砌砖和装饰就不难了。此外，公文写作提纲还可以用来征求单位领导对公文写作的意见。重要公文的写作提纲拟定以后，还需请单位负责人阅示，以便让领导对公文写作提出更为具体的意见和指示。有的公文在起草前还要专门安排一次会议，由执笔起草人直接汇报写作提纲，领导班子成员或有关人员集体讨论，提出修改或写作的具体意见。

公文写作提纲没有什么固定模式，但根据不同的时限和文种要求，公文写作提纲可分为三类：第一类是粗纲，只简略标出公文的层次段落和各部分之间的大致关系，所用语句也不一定是起草后文稿中的语句，只是"撮辞以举要"，有些内容简单的公文在下笔之前有个腹稿即可。第二类是细纲，应该把大小标题、各层次的主要内容及各层内部的段旨、所用的材料，尽可能详细地列出来。这样的提纲不只是分条列项，已近乎文章的形式。第三类就是两者的有机结合，即某些部分详细列明，有些部分只用简略语句加以概括。

通常公文提纲的写作步骤包括：一是确定主旨，即要反映的主要问题。这一步实际就是写主标题，是写好提纲的关键。二是全面罗列素材，精心归纳提炼各层次的标题。精心提炼标题应注意标题必须涵盖所要表达的内容。当然，对标题的提炼，公文写作者可以尽量采取"对称"和"排比"等写作手法，尽量使用短语，使其便于记忆。如公文中有这样的标题：勤于做"加法"，重点是补短板；勇于做"减法"，重点是降不良；善于做"乘法"，重点是建制度；敢于做"除法"，重点是控成本。这样的标题妙就妙在善于运用"加减乘除"四则运算，来喻指开展工作的系统路径，使人印象深刻。三是细分写作层次。公文提纲越细，往往写作质量就越高。公文写作者写作公文提纲时，尽量具体到三级标题以下各层次的内容，并对每一级标题下所要表述的内容都作相应的注明。对各层次、各段落之间的衔接与转换要妥善安排，使之相互连接，前后贯通，转折过渡自然，结构严密完整。

填肚子：博观而约取，厚积而薄发

所谓填肚子，就是按照写作提纲，一段一段地往里填充能表达主题的材料和事例，这个过程就是写作的过程。在此过程中，公文写作者一定要按照提纲来写，填充事例和材料时要立足于能表达主题。只有能表达主题的材料和事例，才能更好地体现主旨，才能使文章有条理。

宋代大词人苏轼在《稼说送张琥》中有云："博观而约取，厚积而薄发，吾告子止于此矣。"意思是只有博览群书，才能择其精要而取之；只有知识积累丰厚，才能慢慢施展才华。在《与张嘉父七首》之七中，苏轼也有类似表述："当且博观而约取，如富人之筑大第，储其才用，既足而后成之，然后为得也。"苏轼认为积学的过程，就像富人建造大房子，先要预先储备材料；只有等到材料都齐备了，才能开工。

具体而言，在填充材料和事例的过程中，应该做到以下几点。

第一，博于选材。撰写公文通常有两条最基本的要求："上要着天，下要着地。"通俗地说，"着天"就是知上晓上；"着地"就是掌握信息、立足现实。公文写作常被比喻为"来料加工"，这个来料就是日常积累的资料，所谓"巧妇难为无米之炊""手中有粮，心里不慌"说的就是这个道理。我们在写作公文之前，要努力让自己公文素材的"粮仓"丰盈，尽可能掌握更多的信息材料，经过鉴别、筛选、分析、综合，将相关材料转化为公文的内容。

公文素材一般有"四类"。第一类是政治理论、党和国家的方针政策及法规类材料，特别是与本行业密切相关的理论和政策法规；第二类是本单位现任主要领导及领导班子的工作思路、思想风格，单位的历史传统、文化和理念等，特别要注意掌握领导讲话类材料等；第三类是本单位主要业务方面的材料、本行业基本材料和前沿情况，包括单位历年的工作总结、工作要点、会议纪要、典型材料、重点工作、中心任务及当年的工作指标、工作要点、重大事项安排等；第四类是行业内外、国内外与业务有关的学习型、启发型材料，决定公文能否创新，对于开展以文辅政、发挥好参谋助手作用很有帮助，有利于提升公文的思想性。

第二，登高望远。人们常讲，登高才能望远。我国历来有登高的传统，古人"登高而招，臂非加长也，而见者远""孔子登东山而小鲁，登泰山而小天下"。杜甫诗曰："会当凌绝顶，一览众山小。"登高不仅是远望而领略山川风物，更为主要的是深入思考即抒发自己的情怀。公文写作者撰写公文也应做到登高望远。换言之，就是要善于站在全局和理论的制高点上思考问题、提出对策，突出文字材料的思想性，给人以启示和共鸣。写材料首先要注意提炼"思想"，着眼全局看局部，不就事论事，把具体的东西理论化。

在实践中，则应注意把握好以下几点：一是体现针对性。问题是材料的基础和灵魂。文字材料影响的大小，根本就在于是不是真正抓住了问题，是不是针对普遍存在的问题去写的。公文写作者必须注意抓问题，抓"一碰就响"的问题，抓普遍存在的、难以解决的突出问题，以此确立材料的主题思想。二是提升概括性。公文写作者要善于从局部的、感性的、表面的现象里面跳出来，用全面的、理性的、辩证的分析，提炼和升华思想，总结出带有规律性的东西。这种高度的概括，是领导思想的精华，也是文字材料的"眼睛"，具有画龙点睛的效果。三是强化深刻性。深刻性往往决定文字材料的思想性。也就是说分析问题要有深度，要从众多的矛盾中提出主要矛盾，从复杂的问题中提出核心、本质原因。如此写出的材料思想性才能深刻，才能令人回味。四是具备说理性。文字材料的主要功能是指导工作，既要使大家听得懂、听得明白，又要便于大家准确理解和贯彻执行。这就决定了文字材料必须透彻地讲清道理，既要符合上级精神，又要贴近单位实际；公文写作者要有变虚为实、变大为小、变抽象为形象、变原则为具体的本领，善于寓事于理，用一个典型事例说明一个道理，把深刻埋在浅显中。

第三，量体裁衣。胡乔木同志曾告诫政府机关的同志，写文章用材料是为了说明观点，文章写出来叫大家看不清楚，就是不鲜明，就是材料与观点没有联系好，每个观点下应该有事实作证明，不能证明观点的事实不要用。观点与材料的关系是所有文体都面临的一对关系。处理得好，会发生"化学反应"，起到相得益彰的效果；处理不好，观点材料不合甚至互斥，则会"以其昏昏使人昭昭"，让人不明就里。因此，公文写作者起草公文一定要学会"量体裁衣"，也就是要切实处理好表达观点与选用材料的关系。

关于公文中观点与材料的关系，有人曾总结为"金字塔"结构，就是一级标题支撑大标题，二级标题支撑一级标题，素材支撑每个小标题……以此类推，从而形成各类素材支撑观点的格局。观点与材料之间有一个相互影响的过程。公文写作者起草公文特别是工作汇报、经验材料等，通常都要经历"构思观点—收集素材—梳理观点—补充素材—提炼观点"等循环的过程，而且有些观点往往是在收集整理素材中突发灵感形成的。因此，公文写作者可以先根据领导要求或上级部署，确定大的方向和主干框架，然后按图索骥，据此寻找相关素材。在整理素材过程中不要简单地复制粘贴，而是要在浏览消化的基础上分门别类地整理，发现好的观点要及时充实完善，必要时可以对框架结构进行适度调整，以求最佳效果。总之，公文写作者对于出思想、出经验的系统性文字材料，需要认真地钻研，努力做到鲜明清楚、纲举目张。

▎梳辫子：各司其职，各安其位

肚子填满以后，也就是材料基本内容完成、文章的初稿已经写好后，接下来就要进入梳理阶段。在这个阶段，公文写作者主要就是从多个维度，对公文进行梳理。

一看切题是否准确。切题就是符合题意，符合要求。公文写作者遵"令"而作，也就是要根据领导和机关的意图行文。因而，公文写作者写作公文首要的是要准确了解、把握领导和机关交拟文稿的意图，明确行文的目的、要求、中心内容以及发送和阅读对象等，即明了为什么写、写给谁、写什么、使用什么文种等。公文写作者要思考给谁写，针对不同的人，其思维层次、考虑角度也不同。公文写作者要问清写给谁，不同对象要求不一。公文写作者要想明白稿子起什么作用，是对工作进行动员、部署、指导，还是对问题进行请示、报告、解答，这些都要清楚明白。

二看内容是否充实。文章是思想的载体。公文写作要实打实地阐述政策、表明态度、解决问题、推动工作。试想如果一篇讲话面面俱到，期望解决所有问题，势必不痛不痒，最终任何问题都解决不了。所以，公文写作者充实公文内容，提高针对性至关重要。要抓住问题"刨根底"。在大的问题之下，紧扣工作领域，抓住几个具体问题，吃透上情，摸准下情，搞清内情，深入分析背景、成因，提出解决问题的主张、措施和要求。一要紧扣问题，挑出能够体现讲话主旨的权威材料，能够揭示事物本质的典型材料，能够吸引人和说服人的新鲜材料。二要抓住过程"打七寸"。事物都有发展过程，开始前、进行中、结束时各有阶段性特点。文稿要符合这个特点，根据不同阶段提出不同要求。公文写作者要针对某项工作的不同发展阶段，提出有针对性的要求。例如，工作刚开始时，公文写作者要突出统一思想、周密部署；工作进行一段时间后，公文写作者要强调防止松劲、加强监督；工作告一段落时，公文写作者要强调总结经验、完善措施，做好后续工作等。

三看观点是否精准。没有事实的观点，是空泛的观点；没有事实的思想，是无据的思想。事实最有说服力，也最能感动人。起草公文，抽象论述中要有具体事实，增加生动性和直观性。公文写作者要把工作要求讲细致，并用形象化的语言表述出来。公文使用事实的目的是表达观点，事实和素材是支撑观点的基础，没有脱离观点的事实，不以观点为统率，事实就是一堆散乱的素材。公文写作者要确保观点与素材有机统一，用事实的有效剪裁来表达观点。

四看结构是否合理。公文谋篇布局必须有利于表达立意，怎样符合内容表达的需要，就怎样谋篇布局。一般来讲，"观点—事例—分析—结论"，这是人们普遍接受的一种行文方式。从一定意义上讲，公文写作的流程，就是从大到小谋篇，从小到大行文。从大到小谋篇，就是根据公文类别性质布局，搞清楚各种公文的框架套路。从小到大行文，一般步骤是先说"是什么"，再分析"为什么"，然后阐述"如何做"，最后说"达到什么效果"。其实，结构最为重要的就是主线贯穿，上下贯通、一气呵成。

五看表达是否得体。公文写作者应把握三种笔法：一是用公文的语言写公文。公文是代表组织的行为活动，是严肃、严谨、严格的事。通常情况下，公文语言要庄重、准确、朴实、精练、严谨、规范，要慎之又慎，绝不能随意乱说。公文写作要实话实说，多用直叙。二是用散文的语言写公文。公文也讲究文采，为增加可读性，适当运用散文语言也是可以的，但决不能把公文刻意写成散文，不然就背离了公文的特性。三是用杂文的语言写公文。在公文写作中，如要揭示落后、腐朽、反动现象，使用杂文语言，能起到事半功倍的效果。

特别是对于一些专题性公文来说，公文写作者更应该在写好文章的基础上，进行整体梳理，达到"锦上添花"的目的。文章的"花"，就是在文章的关键之处，在最能体现观点的地方，点缀上具有韵律、富有哲理、精彩易记的句子。公文写作者可引用前人名言，可引用有关领导的精彩论述，也可以引用群众的鲜活语言，还可以自己独创发明。

戴帽子：意新为上，语新次之

这主要是指对公文的观点进行修改。观点主要是对客观实际的看法。形象地说，观点就好比人戴的帽子，既不能大，也不能小。文章成型后，公文写作者要对文章戴的帽子进行检查，看是否和文章的主体内容相符。

对于观点的要求，我们概括为五个方面或十个字，即客观、概括、简明、新颖、协调。

客观就是观点不是凭空想象的、主观臆造的，而是从大量材料中提炼出来的，是感性认识上升到理性认识的结果。观点要符合客观实际，要经得起实践考验。

概括有两层意思：第一是观点要能概括内容，不能以偏概全；第二是观点不大不小，不是泛泛地摆现象，而是要透过情况的表象，去开掘事物的本质，对情况进行加工、提炼、抽象，概括最能代表事物特征的东西。例如，一篇谈经济工作的公文，取了类似于"推动各项工作有质量有效益发展"的标题，就是"帽大于头"。相反，一篇讲全面工作的公文，标题取为"实现我市经济又好又快发展"就是"帽小于头"，都是不合适的。

简明即观点的文字表达要简练、明确，以最简短的文字，表达容量最大的内容。观点的表述，有的是用词组，如"提高思想认识，加强组织领导"；有的是用短句，如"加强思想政治工作，是确保队伍稳定的有效途径"，这样比较简明，便于理解。

新颖主要指观点要体现事物发展的新情况，要有新意，不能老一套，炒冷饭。当然，强调观点新颖，并不是要脱离实际，搞花架子，单纯去找新词、俏皮话，这是没有现实意义的。

协调主要包括两个方面，一个是观点和要表达的内容在形式上要协调；另一个是观点之间要协调，文字的表达应力求基本一致，表达方式也应基本一致，这样可以增加文字表达的效果。

清人李渔有言："文字莫不贵新，而词为尤甚。不新可以不作，意新为上，语新次之，字句之新又次之。所谓意新者，非于寻常闻见之外，别有所闻所见而后谓之新也。"这点对于我们修改公文观点，特别是面对经常性的公文写出新意很有启示意义。在写公文时，观点如何写出新意？下面概括了五个技巧。

一是联系实际。有些公文尽管话题是老的，但在不同时期，总是有些新的情况、新的变化。例如，大的环境发生变化，政策规定发生变化，上级又有新的要求，下级在组织落实时遇到新的情况等。我们在起草公文时，要紧紧抓住这些变化的情况，把握新形势、新任务、新情况，思考新问题。可以说，公文写作者只要和实际结合得紧，就有用不完的素材，写不完的新话。

二是转换视角。同一个问题，从不同的角度去认识，可以引出不同的话题，这样不仅可以避免重复，而且有利于思想与时俱进。例如，转变作风抓落实的问题，是各种公文经常要写的话题。为了不重复，我们可以变换不同的角度来写。从抓落实的一般要求上，可以讲这样几层：①要坚定理想信念；②要增强斗争精神；③要转变工作作风；④要改进工作方法。从抓落实的条件上，又可以讲这样几层：①要有良好的精神状态；②要完善工作责任体系；③要提高队伍素质和能力。从抓落实的方法上，又可以讲这样几层：①要扑下身子抓落实；②要突出重点抓落实；③要盯着问题抓落实。从抓落实存在的问题上讲，又可以讲这样几层：①解决做工作图虚名的问题，要有功成不必在我的责任感；②解决遮丑护短的问题，要有坚持问题导向的敏锐和担当；③解决工作漂浮的问题，强化勤奋扎实的工作作风；④解决形式主义、官僚主义的问题，切实为基层解难题。可见，角度一变思路宽，旧话题也可以不重复，做到新意迭出。

三是拓展思路。在阐述问题的过程中，公文写作者要抓住不同内容的不同特点，用不同的思路来写，不要都是先写重要性，再讲实际情况怎么样，再提几点要求。例如，为领导同志起草讲话材料，通常都是按为什么、是什么、怎么办这样一个逻辑谋篇布局的，如果改变一下行文思路，在讲某个问题之前先举一个这方面的经典例子，以事明理，再简明扼要地提出要求，这样讲更有新意，效果会更好。

四是变换结构。一个材料，不同的结构，势必有不同的论述重点。上次是横向展开的，这次可以纵向延伸；上次是几个问题并列的，这次可以逐层递进，也可以从一个问题切入，再引出几个问题。结构变化了，内容的重复感就会减轻一些，就会令人有新鲜感。例如，某单位这些年的半年工作总结，连续三年基本上都有这样五个特点：一是注重从总体上筹划安排，各项工作整体推进、协调发展；二是紧紧抓住重点不放，抓落实的力度比较大；三是作风过硬，一些会议活动组织圆满；四是加强指导检查，工作的有效性进一步增强；五是狠抓基础管理，安全稳定的良好形势得到巩固和发展。尽管每个特点下面的内容不太一样，但由于写作结构没有变化，总给人一种换汤不换药的感觉。去年他们在写作结构上做了一些变化，把上半年工作的主要特点概括为"五抓"：一是注重抓统筹；二是注重抓重点；三是注重抓作风；四是注重抓督办；五是注重抓基础。这样写出来后，不仅重复感没有了，而且非常符合实际，在工作的分项归类上也不用生拉硬拽了。

五是打破套路。例如，在工作总结写作中，一般的写作思路往往是先写工作过程，其次写取得的成绩，再写存在的问题，最后写今后的打算。在这里，写成绩时，有的人极力堆砌材料，生怕漏掉一点点"政绩"，而在写存在的问题时，却轻描淡写，一笔带过。这种总结的效果是，只见成绩不见问题。在新形势下，我们应该改变这种套路，要灵活地、切实地运用好各种材料。写成绩时，材料要用足，写问题时，材料也要用足，而且越典型越好，越说明问题越好，越说到要害越好。因为成绩属于过去，而问题如不重视，则还会出现。还有一种情况，以往工作总结在回顾一年来的工作情况时，大量运用材料，而写经验体会时，则简单地概括几条，不用或少用材料。如果改变一下这种写作套路，在谈经验体会时，公文写作者多用典型材料进行分析说明，就会增强说服力。所以，只要改变一下用材料的套路，文章也能有新意。

过稿子：所贵于炼者，往活处炼

这是指经过一系列的精心撰写之后，特别是经过自审、初审、复审、终审四道关以后，对文章进行最后的确定。这一阶段要特别谨慎，对材料进行反复修改，包括内容、观点、结构、素材、标题、标点、文面、排版等，都要严格把关。如果文稿质量还有些问题，或形成的条件还不成熟，要有意识地压一压，进行"冷处理"，最后拿出高质量、高水平的公文。

正所谓"为文之用心，精细如雕长龙"，写文章是要舍得下力气锤炼的。因为文章是反映客观事物的，人们认识客观事物是一个复杂的过程，通过文章来完美地反映客观事物更是一个艰难的过程，谁也不可能做到一稿下来什么毛病都没有。有毛病就得修改，改一次不行，还要改多次。公文写作者在修改过程中要有否定自己的勇气，对明显不符合要求的稿子，就应立即去改，即使全盘否定、做颠覆性改动也在所不惜。改稿不能怕麻烦，也不能护短。所谓"好文章是改出来的""不经过改，写的能力不会提高"说的就是这个道理。

"不厌其烦百回改，千锤百炼始成金。"学习公文写作，修改是必不可少的，公文写作者必须具有"一诗千改始心安"的耐性、毅力和行动。文章的修改打磨可以理解为"二次创作"，并非只是找错别字的过程，而是顺着第一次创作的脉络，继续寻找灵感，完善架构存在的漏洞，补充段落内容的缺失，进一步从主旨、从逻辑、从情理、从感情上完善文章的过程。

公文修改的方法和步骤可以归结为读、审、查、拔四个字。读，就是朗读。修改稿子不光要"看"，还要"念"。就是把全篇稿子有声地读出来，如此疏忽的地方自然会被发现。审，就是审视文章的内容和形式。内容方面主要是审阅文章的政治性、政策性，审视文章的主题是否突出，观点是否准确，论据材料是否充分，事实和道理是否真实可信等。形式方面主要是审阅文章的结构，也就是开头、主体、结尾之间，各层次、段落之间的关系是否符合逻辑，过渡、照应是否顺畅自然等。查，就是检查文句表达方面的毛病。检查和改正语言文字不准确、不规范、不通顺的地方。对没有表达清楚的概念、意思，要增加文字表达清楚，将一些惯用的陈言套话改写成新颖生动、形象感人的新话，将一些可有可无的文字、句子、段落删减。拔，就是提拔文章的思想高度，深化文章的主题。这是对修改文章的更进一步的要求。公文写作者要再一次循着构思谋篇的思路，把文章所要表达的思想内容再理一遍，通过局部的个别的修改，选择运用一些"点睛之笔"，增强文章的气势，深化文章的主题，提拔文章的思想高度。

公文修改的窍门可以概括为五个字：增、删、整、调、换。"增"包含两层意思，一是对有关内容的丰富，二是增添其他内容，可以是一个层次、一个事例、一句话，甚至一个词组。需要把握好一点，凡是与主题相关，并符合主题或观点需要的，要尽量丰富、补充、铺开。"删"就是凡与主题无关，或不能帮助主题展开，表述拖沓冗长的，都要勇于舍弃。有舍才有得，不把不合适的东西删减掉，就不容易凸显主题。"整"就是整合，一般采取"主线法"，即从繁杂的内容中"抽"出一条主线来，再围绕主线进行概括、细化，逐个解开"疙瘩"，然后将缺的补上，多余的内容去掉，使材料顺畅、干练。"调"就是调整次序，公文写作者按照主题和结构的起伏变化、事物的内在联系和发展规律、语言表述的需要，对层次、标题、语言和字词的位置进行变换。"换"就是更换内容，当我们感觉某个观点不太合适，某个事例不太典型，某句话语有些平淡，但根据主题、结构、观点和表达的需要，又不能一刀砍掉时，就需要更换内容了。

然而，不管何种要素的修改，不论哪种方式的修改，最终都应该服务于公文立意或主题的表达。这点非常类似于我国古典诗词所强调的"炼意"。

炼意中的"意"指的是诗词的主题。炼意也就是讲求如何围绕突出主旨进行艺术构思的过程。我国古代的艺术大家们都十分重视立意，几乎无一例外地将其放在创作的首位。王夫之在《姜斋诗话》中指出："无论诗歌与长行文字，俱以意为主。意犹帅也。无帅之兵，谓之乌合。李、杜所以称大家者，无意之诗，十不得一二也。"在古典诗词里，我们经常看到：有些诗句就字面来看彼此很相近，但由于含意有深有浅而分出高下；有些风格相同的诗，也因用意不同而见其高下；甚至同一题材、同样出自名家，也因立意不同而分高下。

清代文学家刘熙载说："炼篇、炼章、炼句、炼字，总之所贵乎炼者，是往活处炼，非往死处炼也。夫活，亦在乎认取诗眼而已"。所谓"诗眼"，就是炼字中表达的诗歌主旨所在。清代沈德潜说："古人不废炼字法，然以意胜，而不以字胜，故能平字见奇，常字见险，陈字见新，朴字见色。"由此可知，炼字固然重要，但切不可走入雕词琢句、寻章摘句的歧途。炼字、炼句、炼章、炼篇也就是在炼意，服从于炼意，力求语意两工，才是正道，是真正的"往活处炼"。

我国古代文人很讲究"炼字"，有句话叫作"写稳一个字，九牛拉不出"。起草公文，公文写作者要追求文字精练、文风朴实，力求用语真实准确无假话、严谨庄重无虚话、简明扼要无废话、平实易懂无大话、鲜明生动无套话。当然，锤炼字词并非写好一个字、一句话的需要，更是为了全篇的整体美，为了全文立意的彰显。如果过分追求新奇，拘泥于一字一句的得失，反而流于匠气，反而成为败笔了。

公文对人有无启发，有无指导作用，关键也是看立意是否高远。也就是说，公文写作中总结经验、提出思路、开出妙方，都要紧贴实际、实事求是，更要立意高远、站位全局。所谓立意高远，就是站在全局的高度、时代的高度、领导的高度，提炼思想、策划方案、谋篇布局、遣词造句。立意的成功，就是主题的成功。

具体而言，公文立意一是要正确。这是由公文具有权威性和约束作用所要求的。二是要清晰。公文无论是提出问题、解决问题，还是表明观点、提出要求，都应表述明确。三是要集中。即要求一篇公文一般只突出表达某一基本思想，沟通某一主要情况，提出和解决某一主要问题，也就是说，要紧紧围绕中心、突出中心，以此统率全文。四是要有新意。根据新的形势、任务和时代特点，公文写作者提出新观点、新思路，拿出新的措施和办法，切实在破解群众关心关注的难题、历史长期遗留的顽症、影响事业发展的障碍上求突破，以增强公文的感召力、针对性和指导性。

"玉越琢越美，文越改越精"。好文章是改出来的。我们一定要把追求至善至美的精品意识贯穿于公文写作的全过程，落实到具体行动上，从主题思想、篇章结构到语言文字、标点符号，对每一个环节、每一个细节都要反复推敲、不厌其烦，一丝不苟，精益求精。

第六课
Lesson Six

公文写作中的重点难点问题

在公文写作当中，我们除了关注具体的格式体例、内容要求等外，还应该多在总结方法上下功夫，多在寻找规律上下功夫。这节课我们探讨公文写作中的重点难点问题。说起来，值得关注的问题有很多，这里重点围绕三个方面的问题来加以探讨：第一个问题是"转化"，着重探讨公文写作所需的观点、思路等的来源；第二个问题是"镜像"，主要分析公文需要考虑的对象与需求；第三个问题是"创新"，探讨如何通过创新打破常规，写出别具一格的公文。

第一个问题　转化

衡量一个人的文字水平和能力，很重要的一点，是看转化的水平和能力。什么叫转化？就是将搜集获取的素材，学习掌握的知识，各种思想智慧与火花等，经过自我的消化吸收，经由类似"发酵"的"化学反应"，变成可在具体的公文语境下使用的内容这一过程。可见，转化是一种复杂的创造性智慧劳动，可以将零散的变成系统的，将无序的变成有机组合的，将浅层次的变成有深度的，甚至达到化腐朽为神奇的效果。某种程度上说，转化是公文写作中的"默会知识"，是公文写作过程中的"黑箱"，是只可意会不可言传的那一部分。

转化，基础在转，关键在化。也就是说，我们所讲的转化，一定有消化加工和重新改造的成分在其中，而不是简单复制和原样照搬。具体来说，公文写作者要善于转化上级的要求，不能"原封不动"，要善于转化外地的经验，不能"照搬照套"，要善于转化书面的语言，不能"一成不变"。具体包括以下几点。

一是书本知识的转化。宋代诗人陆游有一句话，"汝果欲学诗，功夫在诗外"。写公文离不开平时的沉淀和积累，而读书是积累知识、提升智慧的源头活水。知识的积累包括理论知识、专业知识和各种社会知识的积累。对于公文写作者来说，读书的目的是应用，所以要善于思考，在思考当中沉潜深化，实现思想认识质的飞跃。公文写作者要把握重点，结合工作需要有针对性地学习，着重围绕如何更有用、更有效展开。公文写作者要联系实际，真正把书读进去，化为自己的知识，尤其把有见地、有意义的东西用到工作中。如果不能有效转化，学到的知识就是"死知识"。公文写作者既要有较宽的知识面，还要通过理论联系实际的思考与运用，把理论功底转变成洞察力和对问题的分析认识能力，这样才能站得高、看得远、想得深、讲得准。

例如，对于公文写作者来说，哲学是需要牢牢掌握的很重要的一门学科，是思想力的根本。公文起草的过程，就是一个运用哲学思想认识问题、分析问题、解决问题的过程。当要分析一些现象时，公文写作者要善于运用透过现象看本质的哲学思维，运用马克思主义哲学的方法论和认识论，使用发展的观点、联系的观点和历史的观点看问题。当要阐述和界定一些新概念时，公文写作者可以运用哲学思维，从认识论的角度进行论述，如用本体论阐述其基本内涵，用现象学描述主要特征，用目标论指引发展目标。当要指出一些工作中的问题时，公文写作者可以从正面立论，然后从反面指出问题，再描述整体情况，这其实就是运用哲学的"正反合"理论，形成正反对比，拓展认识深度，比直愣愣地指出问题效果更好。

二是上级精神的转化。常言道，"领会上头，摸清下头，两头一碰，才有写头。"公文起草一般都离不开传达落实上级精神，在总结经验、分析形势、部署工作时，要保持和上级精神相一致，观点创新也要在充分吃透上级精神的基础上进行。因此，公文写作者首先要悟上级精神，准确把握和深刻理解精神实质，做到引用政策原汁原味，落实政策不折不扣，还要尽可能从上级精神中领悟本单位的工作思路、发展方向，充分发挥上级精神的引领和启发作用，不能照搬照抄，"上下一般粗，左右一样齐"，放之四海而皆准。

学习上级文件和指示精神，主要是找方向、找依据。它需要站在领导的高度和指导工作的角度思考问题，一般要注意考虑这样一些问题：主要精神是什么？提出的重要思想和原则有哪些？在指导工作中应注意和解决什么问题？如何把主要精神和思想原则贯穿到领导公文中去？上级指示精神关系到公文的站位问题和高度问题，有的公文起点和站位不高，思想层次上不去，很大程度上就是体现上级指示精神不够。

在具体落实某一项精神或政策要求时，要注重对上级的方针政策进行反复的前后对比，特别是对于表述有变化、提法有创新的地方要给予重点关注，查阅资料，反复思考，从而对上级精神有更加深入的领悟，提高公文的理论素养和思维层次。

三是领导意图的转化。我们说，公文是领导机关、领导同志意图的体现，那么它应该尽量反映领导的思想水平、政策水平和理论水平，才能达到目的。这就需要我们在写作公文之前，摸清、摸准领导的意图，要把领导对问题的基本看法、零散认识集中起来思考。领导的工作经历多、经验丰富，对问题的思考和认识比较成熟，形成了基本的思想，有的见解独到而深刻，所以公文写作者要注意学习，认真领会。有时领导对一些问题的思索并不是系统、完整地呈现出来，而是在某个场合、某次讲话或交谈中冒出一些火花，有时可能只是一句话、一个例子。公文写作者在工作中要做有心人、细心人，平时跟领导一起下基层、交谈工作时要注意用心记录，并联系起来思考，深入集中分析，努力把握领导讲话的脉络，总结梳理出共性的、规律性的基本思想，用以指导公文的写作，这对提高写作效率和质量非常有益。

但是，领会意图并不是完全被动的，公文写作者要积极发挥主观能动性，不过于依赖领导，要在捕捉领导思想的最新闪光点的基础上，努力深化发展下去，这才是转化的关键和真谛。无论哪一级领导，对新形势的判断和分析，对重大问题的思考和观察，对工作的创新和突破，都不可能一步到位，而是有一个"实践—认识—再实践—再认识"的过程。有时领导谈的几句话或某个问题，有可能就是他们关注的方向，有些思想只是"火花一闪"，这就要求公文写作者积极思考，沿着领导的思路深入研究，做好充实、深化、创新的工作。所以，公文写作者写出好的公文不但要有敏锐的思想触角，更要有较强的判断力和感知力。

在具体方法上，公文写作者要善于"投石问路"和"抛砖引玉"。领导在布置任务时一般都说明意图，公文写作者要认真领会其主旨。可以先列出简单的提纲，送交领导审阅，以进一步探明意图，确定大框架。有时也会出现这样的情况，已确定要写某个公文了，但领导还没有很好地考虑，不能立即给予具体指示，即使给了某些指示，但似乎考虑得不够成熟。这时，公文写作者最好先列出细一些的提纲，让领导边看边思考。领导对能修改的地方即时修改，将需要另立思想观点的地方交给公文写作者重新研究。利用这种"投石问路""抛砖引玉"的办法，往往更能体现和把握领导意图。

四是他人智慧的转化。公文写作往往是集体性劳动，从讨论到起草，从修改到把关，从审核到签发，要经过很多关口，其实也凝聚了很多人的智慧，公文写作者在这个过程中要善于吸收他人观点，择其善者而用之，这样有助于借助"外脑"，提高公文的质量。

公文写作者要善于"借力"，主要是指争取更多人的帮助和支持。例如，向领导多请示、多汇报，多请领导改稿子或同事提意见。多改才能出精品，多听取意见才能提高，讨论与修改的过程，就是学习的过程和认识不断深化的过程。对于公文来说，文字只是基础，思想才是腾飞的羽翼。思想从何而来？思想从不同观念的砥砺中来，从集体智慧的碰撞中来。"水本无华，相荡乃兴潋滟；石孰有火，互击而闪灵光。"广泛了解他人的思想成果，努力提炼自己的独到见解，我们才能站在巨人的肩膀之上，对问题的认识才能很快提升到一个新的高度。

五是实践感悟的转化。要实现写作能力的提高，光靠写是很难的，一定要紧密结合实践进行思考。因为公文与具体工作紧密相连，如果公文是"花"，工作实践就是"木"，花离开木，自然难以生存。如果不关注现实问题，不与实践相结合，文笔再好，理论水平再高，也没法把公文写好。所以一些工作能力强，平时善于研究问题的"笔杆子"，一开始不会写，但很快就能深谙其道，写出高质量的公文。能把公文写好的人，往往有很强的分析判断能力，因为写作公文的过程，其实就是一个"模拟决策"的过程，而不是一个简单的文字组织的过程，决策需要掌握情况、分析问题、提出思路、做出部署，是一个深入系统的思维过程。经过无数次的演练，公文写作者无形中就提高了自己对问题的认识，提高了自己的综合素质和能力。

公文写作者要增强对实践工作的领悟力，就要在遇到问题后，多对这些问题进行解剖，多问自己几个"为什么"：为什么会出现这一问题，是什么原因导致的，解决这一问题的对策是什么？这种提出问题、分析问题、解决问题的逻辑方法，正是公文离不开的"三部曲"。所以我们要在干中思，在思中写，在写中学，逐步学会在实践中把握大局、理清思路，在实践中"解剖麻雀"、提高认识，在实践中发现问题、找出对策，深化对现实问题的理性思考，将工作实践成果转化为文字内容，把工作与文章融而为一，实现工作能力与写作能力的同步提高。

▌第二个问题　镜像

公文与其他文体不一样，它是实用的，有明确目的和指向，"为时而作，为事而作"。所以，在公文写作中，公文写作者要注意把握主体与客体的关系。主体，就是发布公文、使用公文的个人或者组织，或者是领导机关，或者是领导集体，或者是领导个人；客体，就是公文的接受者、执行者，可能是个人，也可能是单位和群体。而公文写作者，是连接主体与客体之间的桥梁，是受命将公文主体的意图与公文客体的意向连接和贯穿起来的纽带，而并非真正的主体。

在公文中，主体与客体是一对镜像，公文写作者居于其中，所以，公文写作者需要具有双重视角、双重观照，需要具备角色意识和对象意识，或者说，既要有领导者意识，也要有接受者意识。

借用经济学的说法，公文写与用之间也有一个供给与需求的关系，公文法定作者与写作者，共同作为供给者，与需求者之间形成互动关系。一般意义上来讲，供给要适合需求，才能取得更好的效果，如果供给的质量不高，不能满足受众的期待，就需要进行供给侧结构性改革，提高供给的质量。从某种意义上讲，写作公文就像制作产品。产品只有适应用户需求、让用户满意才有价值。但供给也不能仅仅满足于用户需求，因为有的时候，用户的需求是分散的、盲目的、潜在的，需要供给方加以整合、激发和引领，这样供需双方才能形成更好的互动。

从内在关系来说，公文写作者不同，或者接受者不同，对公文的要求是不一样的，而从外部关系来说，不同的情况，不同的场合，公文同样要因事因地因时而异。按层级分，公文可以分为对上级汇报、对平级交流、对下级部署；按关系分，公文可以是对内或者对外；按文体分，不同公文的格式、写法和用途都不一样，这些我们在前面已经做了讲述；按场合分，如同样是领导会议讲话，公文可以分部署会讲话、动员会讲话、总结会讲话、表彰会讲话、交流会讲话、座谈会讲话、汇报会讲话等若干种，都有差别；按时点分，如同样做报告，年初、年中和年底又不一样。这些异同都在写作当中，要从写作者和接受者两个角度加以把握。

第一，要牢固树立"领导者"意识。公文写作者要时刻牢记公文写作是代领导立言的，公文以单位、部门名义上报或者下发，体现的是领导者的思路，所以公文写作者必须杜绝"自己的话越多，越体现自己水平"的思想，牢记公文是对领导思想的记录和整理，而不是自己独出机杼。公文写作者的工作是将领导的思想、思路表达准确、完整、晓畅，而不是将领导的思想任意解释或者随意增删、修改。

公文写作者在受领任务的时候，一定要将领导的指示听清楚、问明白、记准确、录全面，对这些问题了如指掌：公文什么时候交初稿？以此安排自己的工作进度。公文将用于什么场合？公文的上报或印发、宣读对象是谁？是什么范围？公文什么时候送交印刷？以此确定写作的语气、内容取舍及最后定稿的时间。领导想表达什么？一定要准确、全面地记录领导的意图，可以使用录音笔，对于不清楚的问题，可以请领导再说一遍，确保理解领导意图时没有偏差和遗漏。这是起草好公文的重要前提。如果时间允许，公文写作者在受领任务时，可以将自己的记录当着领导的面复述一遍，确保没有出入和遗漏。根据领导的意图起草好公文初稿后，再把受领任务时的记录拿出来对照，确保没有偏差和遗漏，然后将公文初稿交领导审阅，再根据领导的意见、建议修改完善。

公文要把领导是否满意作为衡量价值高低的重要标准。写出让领导满意的公文，不是单纯地作文。只有悟透领导的想法、跟上领导的步伐、提出有价值的观点、体现领导的风格，才能让领导满意。具体来说，公文写作者要注意以下四个方面。

一是正确领会领导意图，避免"这些话不是我想说的"。这是起草公文的基础性工作和关键性环节。公文写作者只有仔细揣摩、认真领会、全面把握并紧紧围绕领导意图去组织、策划，才能确保不跑题、不偏题、不离题；写出来的公文只有如同领导自己头脑里所想、领导自己嘴里所说，领导才会满意。因此，公文写作者切不可自作聪明，完全不考虑领导的需求，另搞一套。这样就犯了主观主义的错误，就算写得再好，领导也无法使用。

二是完善升华领导的想法，避免"这些话都是我说的，但没什么新东西"。起草文稿不能简单地当传声筒、复读机，只把领导交代的想法、内容写出来就行了，还必须以"不在领导其位，要谋领导其政"的精神，坚持"源于领导而又深于领导"，根据领导的想法深入思考和研究，自觉把思维活动上升到领导层次，对领导意图进行扩展、完善和升华，使之系统化、科学化、具体化。文稿起草的过程，实际上就是发挥聪明才智、运用知识积累，对领导想法和要求查缺补漏、修饰完善的过程，甚至是对领导意图再提炼、再深化、再升华、再创造的过程。公文写作者要在不脱离、不偏离领导要求的基础上，通过创造性的工作，把领导的想法一点点充实、一步步拔高、一层层深化，把该想的想透，把领导没交代而必须要写的写出来，把领导想说而没有完整表达的说到位，形成思想深刻、内涵丰富、逻辑严密、辞章优美的公文。

三是精心扮演领导角色，避免"这不像我说的"。起草文稿是以笔代领导表达思想观点，如果不能身临其境地从领导的角度来思考和组织文字，就不可能写出领导想说的话。只有全身心地把自己置身于特定场合，以"领导"的视角而非"我"的视角去思考、分析问题，以"领导"的身份而非"我"的身份向别人讲话或做汇报，才能与领导"一条心"，和领导不谋而合，使写出的文稿为领导所用。公文起草的过程，实际上就是"关起门来当领导"、演好"临时性角色"的过程。把自己想象成"领导"，找到"在场"的感觉，设身处地用领导的心理、习惯、思维和表达方式来思考该说什么、怎么说，而不是自己想怎么写就怎么写。

公文写作者要想在写作时"进入角色"，平常就得"熟悉角色"。凡领导了解的大事公文写作者都要了解，领导考虑的重要问题公文写作者都要考虑，尤其要把注意力放在对全局工作的了解和考虑上。尽量研究熟悉领导的业务工作，不当门外汉。在条件允许的情况下，公文写作者尽可能参加领导出席的会议活动等，对领导在不同场合的谈话，公文写作者要认真记录、细心揣摩。公文写作者要认真分析领导对一些问题的批示，悉心研究领导撰写的重要文章。公文写作者特别要认真研究领导在会议上的脱稿讲话、调研时的即席讲话等，捕捉其思想"火花"，找出最有价值、最有新意的见解。实践证明，领导思想的"闪光点"使用得恰当，就能成为文稿的点睛之笔，表现主题的最佳之处。

四是准确体现领导风格，避免"这些话都对，但谁来说都行"。公文一般是"奉命"写作，也就是"命题作文"。受命于谁，公文的风格特征就应服从于谁。要让领导满意，仅有好的内容、好的框架还是不够的，公文写作者还必须对其进行修饰和雕琢，尽量符合领导的个性特征，打上领导个人的独特印记，充分体现领导的气质、学识和风格。而不同的领导，其风格往往是不同的。从思维习惯看，有的领导喜欢高屋建瓴地提出问题，有的领导喜欢细致入微地分析问题，有的领导喜欢突出一两个重点，有的领导喜欢面面俱到；从语言表达习惯看，有的领导喜欢引用名人名言、古诗词和谚语，有的领导喜欢举出案例分析；有的领导喜欢富有文采的长句，有的领导喜欢铿锵有力的短句；有的领导喜欢气势恢弘的排比，有的领导喜欢朴实无华的语言，有的领导喜欢用数据说话等。公文写作者必须做到按照领导的思维、讲话风格来写，使公文风格与领导的风格相一致。公文写作者如果只凭自己的想法行事，就可能南辕北辙。

公文起草的过程，实际上就是模仿领导风格的过程。公文内容要体现领导的风格和特征，就需要适应领导的口味、模仿领导的语气，务求达到"神似"。公文写作者平时要通过多听领导讲话、阅读领导写的文章、找机会与领导交流等方式，了解领导的文化修养、讲话习惯、理论水平、政策水平、工作方式和个性特征，在写作时有针对性地剪裁现有材料，搜寻需要的资料，变换语言方式，以最大限度地突出领导的个性特点，适应和体现领导的不同风格。

第二，公文写作者要牢固树立"接受者"意识。公文有其特定的"接受者"或称"受众"。会议讲话的"受众"是全体与会者，汇报的受众是上级单位领导，情况介绍的受众是兄弟单位的同志。公文写作者在起草公文时一定要心里时刻装着"受众"，揣摩受众的心理，根据受众的接受能力和不同身份撰写公文。如果受众是基层群众和全体干部职工，公文用语就要尽可能生动、形象，通俗易懂，讲道理要深入浅出，多举例子、多摆事实，尽量少用枯燥的数字或者深奥的理论；如果受众是兄弟单位同仁或者上级单位领导，对本部门本单位的特色提法、工作要予以一定的解释，否则受众会一头雾水；如果受众是学者专家，则要把相关问题的复杂性、艰巨性阐述清楚，不妨使用专业术语，这样有利于受众思考，提出好的意见、建议。在起草公文时，公文写作者一定要站到受众的角度想问题，确保每句话受众都能接受、都能理解。

例如，同样写领导讲话或报告，每个稿子都有特定的场合和特定的对象。公文写作者在起草时必须先明确受众，先界定话题范围，不讲与受众无关的题外话，要讲与受众密切相关的题内话。首先，公文写作者要明确会议的性质和目的，围绕会议的中心议题来讲，弄清楚会议是动员会议、部署会议、总结会议还是表彰会、庆功会，会议要达到什么目的和效果，其次，公文写作者要明确参加会议的是哪些人，这些人有什么共性，会议要求这些人做什么，这些人又能做什么。针对他们的责任、心理和愿望来明确主题、搜罗素材、组织语言。最后，公文写作者还要学会情景假设，假设这样讲受众会作何反应？那样讲受众会有何感想？总之，公文写作者要有意识地从受众角度去反观文稿，给文稿起草提供新视角和新思路。

▌第三个问题　创新

公文可以说是一种制式写作，入门并不难，难就难在有所突破，有所创新。如何立足岗位实践，推陈出新，写出有创意的公文呢？这就需要突破思维定式。公文的思维定式主要表现为：简单思维、惯性思维和经验思维。简单思维只一味地遵循条条框框，惯性思维是在写作中按照从己、从众和传统习惯方式进行，经验思维是凭经验来决定写作活动。受这些思维拘囿，公文写作者难以写出有新意的公文，也与当前形势与领导要求相差甚远。

突破思维定式，不仅要在规范的基础上进行创新，更重要的是把创新当作一种写作习惯，自加压力，破除思维定式，多向求解，有"文章不新誓不休"的进取意识。创新是一切事业不断发展的不竭动力，文字工作也不例外。"兵无常势，水无常形""文不按古，匠心独妙"。公文写作也要勇于创新，善于创新。文字要创新，格式要创新，立意更要创新。我们要做到每写一篇文章，尽可能与别人写的不一样，与自己过去写的不一样。

清代李渔说："'人惟求旧，物惟求新。'新也者，天下事物之美称也。而文章一道，较之他物，尤加倍焉。"天下万物都在求新，公文更应如此。所谓创新，出新意，就是要运用创新思维，立言达意，少写大话、套话、空话、现成话，多写新话、实话、活话、提神话。具体说，一方面，我们在平时要多掌握新情况、新问题，积累新思想、新材料，这样写起来才会有新意、有新话。另一方面，我们要努力提炼新思想、新观点。当然，我们提倡创新，不是脱离实际的标新立异、胡编乱造。

公文不仅是写出来的，更是在工作中"干"出来的，这就需要公文写作者具备亲身体验和实践的自觉性，写作时灵活融入自己的真情实感和深刻的理性思考。要坚持问题导向。公文不是无病呻吟，而是旨在解决实践中的现实问题，公文写作者在写作时一定要向工作中的现实矛盾和问题聚焦，要把创新的落脚点定在解决问题上。

具体来说，公文写作者要从以下几个方面进行创新。

第一，在框架结构上创新。公文主要有几种布局方式：一种是纵向布局。从时间顺序上来说，一步一步顺下来。这是一个什么事情，什么时间提出来的，从哪一年开始做的，各阶段的发展情况如何，现在处于什么状况。还有按照事情的逻辑关系来安排的。重要文件和领导的讲话，先谈事情的重要性、重要意义、重要认识，再谈面临的形势，遇到的新情况、新挑战，下面再讲有什么艰巨任务，应该采取什么办法。二是横向布局。主要是看文章主题涉及哪几个方面，若相互之间是并列关系，则一一分述。三是交叉布局。大多数的领导讲话、文件，都是交叉布局。例如，前头讲历史、讲形势、讲任务，是纵向结构，接着讲到现在的状况，下半部分一条条地讲怎么做，是横向结构。

在起草公文时，公文写作者要灵活运用几种结构，更好地表现内容，不要受固有的思维局限。一些重要公文结构已经有了一定之规，很难突破。例如，每年的政府工作报告，通常都是两段式或者三段式，讲工作成绩时，要把每个部门都点到，没法儿创新。讲工作部署时，方方面面的要求都要讲到，也没办法创新。这种时候，创新有几种途径：一是打破常规的两段式或者三段式，采用多段式，把重点问题拎出来，一个个单说；二是在局部进行框架调整，如讲完成绩之后，加入几条体会，在讲工作任务之前，加几条工作原则，这样来丰富和完善相关内容。公文写作者要尽可能采用创新的形式和结构，使文章显得有精气神。

第二，思想论断上的创新。公文如果没有新的思路和观点，很容易老腔老调老面孔，落入俗套，味同嚼蜡，讲一堆正确的废话。所以公文写作者要解放思想、敢于突破。文贵创新，这种创新表现在各个方面，如观点、方法、结构、词句、体裁、风格等，但重点是观点创新。李渔认为："意新为上，语新次之，字句之新又次之。"

第三，文字表达上的创新。在有些人看来，只有文学写作所使用的语言才有美可谈，而公文则是"板起面孔讲官话"，单调、枯燥、干巴、平淡，跟可读性沾不上边。这种看法不够全面，也是不符合实际的。公文不能是"八股腔""不说人话"，要努力使语言更加生动、简洁、清新，到群众中去汲取语言，到鲜活的生活中去提炼语言。语言只有"接地气"才生动，只有写得生动，才有利于增强公文的可读性。同时我们要认识到，追求语言的生动活泼，不只是表面上使用一些俏皮话或者流行语，更多指的是文稿的一种内在精神，思想活泼，思维敏捷，力避呆板、老套、枯燥、模式化、概念化。在语言准确、平实、简洁的基础上，我们还要努力使公文有点睛之笔，有突出的亮点和闪光点，有深度、出思想，而不是平平的流水账，既要让听的人容易记住中心思想，又在某一领域内叫响了一些提法。一篇公文创新出彩，有时就一两个独到的观点，几十个字，就能让人受到启发，印象深刻。

第四，阐述角度上的创新。同一篇公文，同一个内容，从不同的角度切入，用不同的角度来阐述，也是创新。例如，每年的政府工作报告都要部署工作，而针对一个单位，说来说去也无非那么几件事，怎么创新呢？如果去年说了几条要求，如要深化改革、加快创新、开拓市场等，今年能不能换个视角，从为什么要这样部署工作的视角，也就是工作安排背后的工作思路的角度加以阐述，如可以从这几个方面来阐述：抓住行业形势好转的有利时机，扩大盈利基础；加大有效投资力度，增强发展后劲；着力解决突出瓶颈问题，充分释放发展势能；抓住市场开拓的工作主线，推动生产型向经营型转变；等等。这是对具体工作安排背后的深层次工作思路的揭示，能让受众既知道干什么，也知道为什么要这么干，知其然也知其所以然，这就是阐述角度创新所带来的效果。

第七课
Lesson Seven

学习公文写作的原则和方法

公文写作是一门专业学科，是一个人多方面综合能力的反映，不是一个纯写作技巧的问题。但掌握一定的方法技巧，也有利于笔下生花，写出高质量的公文。上一节课我们分享了写一篇完整的公文需要经过的七个环节，按此方法，可以写出一篇像样的公文。而这一节课，我们将要探讨一个公文写作者，特别是一个刚刚踏入公文写作之门的新手，在这条路上有哪些可以学习和掌握的方法，以使初学公文写作的人能够快速地成长为一个比较成熟的公文写作者。

四条原则

总的来说，学习公文写作有几条值得遵循的基本原则。

第一，参照学习。参照就是模仿、借鉴，就是学人所长，为我所用，但绝不是抄袭，二者有本质的区别。就像小学生学书法，先从描红开始，再临摹，最后再自我创作。

公文写作新手完全可以从模仿好的范文开始，从借鉴别人好的写法开始，从学习身边写作能力强的人开始，学习优秀公文写作者的构思、文字、语法和遣词造句等。如果做一个有心人，善于留心观察，一定会发现身边有很多值得自己学习借鉴的地方。

例如，有的人喜欢在正式写作前拟定清晰的提纲，有的人善于用数字或者故事来代替冗长累赘的内容陈述，有的人习惯用金字塔原理找出重点等，把别人好的东西吸收消化，逐步内化为自己的营养，写作能力就在无形之中不断增长，经历一个从量变到质变的过程，到了一定的时候就会越过临界点，进入一个完全不同的境界。

第二，循序渐进。做什么事情都需要经历一个由浅入深、由易到难的过程，写作也不例外。先从简单的文体、熟悉的领域开始，积累经验之后，再逐步转向复杂的、陌生的写作内容，这是一个正确的学习方法和路径，不仅能实现经验能力的梯次累加，也能增强写作的信心。

初学的公文写作者不要想一口吃成个胖子，一步一个脚印，会走得更稳。真正的能力进阶，都不是速成的，武侠小说中经常有某个人吃下一颗仙丹就功力大进的故事，在学习领域，这样一夜成功的奇迹是不存在的，有的只是点滴积累与持续精进，有的只是积跬步而致千里。

古话有云"种豆得豆，种瓜得瓜"，这告诉我们，做出什么样的努力，就会收获什么样的结果。写作能力的提高不是一蹴而就的，而是一个由量变产生质变的过程。懂得了这一点，并不会打消学习写作的热情，而是能树立正确的心态。

第三，正反对照。公文写作新手除了要知道"应该这样写"的道理，还应该知道"不要这样写"的道理。正面指引与"负面清单"相结合，能让人体会更深，对写作的注意事项包括一些细微之处把握得更到位。

对公文写作者来讲，学习写作最好的方法就是从未定稿、修改稿中去学习，这是很有益处的学习方法。一个切实可行的办法是，直接看公文范文、看干干净净的定稿，不如看经领导和同事反复修改的草稿获得收益更大，提高得更快。

例如，学习如何写好讲话稿时，公文写作新手可以认真对照领导修改后的文稿与自己的原稿，设身处地地想领导为什么要这样改。毕竟领导站位更高，掌握的信息更多，承担的责任更大，考虑问题更周全，而且因为领导很忙，他认为要修改的地方一定是关键之处。通过这样不断地比照学习，公文写作新手不但掌握了学习的捷径，而且更快熟悉了领导的思维习惯和表述风格。

第四，把握要点。不同的写作形式，都有它的核心和要点，抓住要点就好比抓住了"牛鼻子"，能够提高学习的效率。例如，文学写作重点在于人物、情节和意象，学术文章重点在于假设和论证，自媒体文章重点在于话题性和标题制作，PPT重点则在于文字与图片的配合等。

对于公文写作来说，把握立意、主题、结构、内容、语言、文气等核心要素，熟练掌握公文写作的步骤环节，习得若干种使用方法技巧，了解和使用这些方法，其实就是把握住了公文写作背后的规律，所以能起到事半功倍的效果。

在遵循这几条原则的前提下，公文写作者还要运用好如下几种主要的方法。

第一种方法　由浅入深

文字工作看起来是"舞文弄墨"，实质上是一个人思想境界、业务水平、学习能力、文字功夫的综合反映，其水平的提升有内在规律可循，大抵要经过三重境界，这也是一个由浅入深的过程。

第一重境界：以文叙事。所谓"叙事"，就是记述事情。刚刚做公文起草工作时，公文写作新手还不太熟悉公文的语体风格和框架结构，也不太会总结提炼观点，这种时候，应该做的是认真记述领导的所思所想，因为领导立足全局、经验丰富，他们的意见最接近也最能代表单位的决策意图。公文写作新手这一阶段文字工作的主要特点是记录，而不是创造。

公文写作新手常常会碰到这种情况，自己起草的材料，领导没有用也没有改，而是直接重写或交由他人重新起草，这说明领导认为这个材料改都没法改。碰到这种情况，公文写作新手不可抱怨，也不必灰心，应当清醒地认识到自己的思想、工作水平尚处于"叙事"阶段。要甘当学徒，老老实实当好书记员，身边经常带着纸笔，养成随手记录的习惯，努力把所见、所闻、所知形诸文字。当然，公文写作新手要真正做到以文叙事并不容易，除了准确记述领导的思想观点，还要按照基本的文法，理顺思路、锤炼文字、反复修改，使整篇文章逻辑严密、语句通顺、文辞简练。这样坚持下去，就能基本胜任文字工作。

第二重境界：以文辅政。以文辅政就是通过文字工作来辅助领导处理政务，这是对以文叙事境界的超越，也是一个优秀的公文写作者应当达到的境界。这一阶段文字工作的主要特点是"代言"，为领导当好参谋，为政务执笔作文，把决策层的意图清晰完整地表达出来，包括合情合理地发挥。

如何做到以文辅政？清代许同莘借用唐代刘知几关于修史的观点，认为应当兼修学、识、才三长，"才以应物，学以树本，识以烛理"，三者不可缺其一，最终使得公牍"通德达情"。这个见解十分精当。文字水平一定程度上反映了对宏观政策的把握、对领导意图的领会、对基层情况的了解、对实际工作的指导水平。文字工作者要树立为政务服务的理念，多学习、多思考、多调研，从而能够把握全局、熟悉业务、通达事理，最终运用文字把政务要求表达到位，发挥好参谋助手的作用。

第三重境界：以文鼎新。当以文叙事、以文辅政已经驾轻就熟时，以文鼎新就成为更高的追求。这里的"鼎新"，指的是在服务于改革创新以及新思路、新举措等论述上，有新的风格、新的气象、新的思路。

革故鼎新需要深厚的理论素养和实践积累。这要求公文写作者抓住各种时机学习充电，看更多的书、翻阅更多的资料，研究掌握政治学、经济学、社会学、管理学、哲学、法学等多方面的知识，从工作理念、体制机制、方式方法等方面分析问题、研究问题、解决问题，谋划推进工作的创新发展。

用书画来作比，以文叙事属于"描摹"，以文辅政好似"意临"，而以文鼎新则达到了"创作"的层面。在这一阶段，公文写作者堪称一个单位的"军师"，能够在一定程度上完善或影响领导的决策。

第二种方法　由摹到写

初学公文写作的人，也可以找范文来套写和模仿。但是，套写和模仿并非一用就灵，而是有它的适用范围。一般来说，主要适用于三种情况：一是适用于相对简单和模式化程度较高的文体。例如，起草一个会议通知，往往就可以找一个原有的通知来套写，因为它只要把会议时间、地点、内容和参加人员、注意事项交代清楚就可以了，一般没有更多、更复杂、更深层次的内容。二是适用于相同的文体，例如，写工作总结就照着工作总结来模仿，如果找一个调研报告，路子就不对。三是适用于相同或相近内容的文稿，因为很多工作有它的专业性，内在规律和原理差异较大，不能一味生搬硬套。例如，写党建工作的文稿，与一个写财务工作的文稿之间，一个相对务虚，一个更加务实，一个侧重定性，一个侧重定量，就不太适合直接套用。

我们要区分的是，在写作公文时，有些内容是不能创造的，特别是对上级的大政方针、主要精神、根本原则、规范性提法，以及一些对形势的判断等，必须跟紧上级精神。因为公文的内容反映的是组织的意志，是"代人立言"，特别是作为地方组织的公文一般是以落实上级精神为主，在精神上必须同上级保持一致，这必然要体现在语言文字载体上的统一，必要的内容、必要的语言，不能改变。有些是要通过模范来进行学习的，通常情况下主要着眼于文章的构思、体例和结构，有时也套用文中的一些观点、素材和语言。但这种方法只能作为初学者的入门之道或特殊情况下的应急写作。一个立志在公文写作上长出息、有作为的人，必须练就一手锤炼文稿的真本领、硬功夫，不能总是套用和模仿。

套用和模仿，绝不是将别人的内容原封不动拿来用，而是要在这个过程中借鉴、仿写、总结和提升。具体来说，初学者有以下几种方法可循。

第一，坚持学习借鉴，模仿创新。不能照搬照抄，全盘抄袭。你可以学习人家的选题立意，借鉴人家的谋篇布局，模仿人家的行文风格，然后创新自己的写作方法，绝不能奉行简单的复制粘贴。借用鲁迅先生的话说，就是文体可采用张三的形式，结构可融汇李四的骨架，内容可涉及王五的涵盖，语言可借鉴赵六的精彩，然后进行优化组合，进行创新创造，总之就一条：参考要广泛，引用不单一，模仿看不见。

第二，做到相互结合，有效转化。具体说，就是上级精神地方化、外地经验本土化、过去的东西时尚化。学习借鉴上级的材料要以与本地本部门结合为主，学习外地的材料要以与本单位本部门的实际结合为主，学习之前的材料要以与当前的新形势、新提法、新常态、新理念结合为主，归纳起来就是上下结合、内外结合、古今结合。干工作、写材料，会结合，不仅是方法，也是能力。

第三，努力拓宽思路，广积薄发。写文章需要通过学习借鉴别人的文章内容，来改造形成自己的文章内容。一是"技术改造"，就是学人优长，结合实际，因时而变、因事而变、因地而变，灵活变通，为我所用。二是"技术引进"，在学习中触类旁通，从精彩的文章中引进"文路"，引进布局，引进技巧，引进创新。很多文章内容不同，但格式相通；很多事情做法不同，但道理相通；很多故事情节不一样，但是反映的意义一样，通过学习别人的文章，触发自己的灵感，开发自己的潜能，启迪自己的思路，然后发现共同点，找到共振点，抓住结合点，明确着力点，这样就会让思路豁然开朗，让文章顺理成章。三是"技术创新"，就是融会贯通，广览博收、融为一体，"尽百家之美，以成一人之奇"。融会贯通的关键是"融"，就是结合、综合，效果怎么样就看你的综合概括能力、分析研究能力、辩证思维能力和创新创造能力怎么样了。有人说，参考一篇文章写一篇文章是抄袭，参考三篇文章写一篇文章是模仿，参考十篇文章写一篇文章就是创造。能参考更多的文章，然后融会贯通，再来创新一篇文章，那就是高水平。

所以，在公文学习中不必忌讳"借"字，要善于学习、善于借鉴。但是，"借而不当"又是公文写作中的一个"通病"。例如，有的纯粹就是省改市、市改县，这就是态度问题、责任心问题了。在公文写作中如何借用？

重点要把握好以下三条。

一是以自己写为主，做到借而有度。如果这里剪那里裁，"剪刀加糨糊"，肯定是写不出好文章的，写作水平也难以提高。二是有选择地借用，做到借得准确。要多借用别人的思想，少借用别人的语言；多借用别人的信息，少借用别人的论述；多借用新颖的东西，少借用一般化的东西。三是把别人的话变成自己的话，做到借出水平。借用别人的思想、语言、信息，一定要结合自身的情况加以改造、整合和提升，使之变成自己的东西，变成更加出新出彩的东西，决不能不动脑筋、生搬硬套，否则可能闹出笑话、闹出麻烦。

▌第三种方法　由熟而巧

俗话说："一回生、两回熟。"就公文写作而言，由生而熟、由熟而巧的媒介和桥梁就是多写多练。公文写作者只有多写多练才能不断加深对写作规律的认识；只有多写多练才能逐步提高写作能力。不通过多写多练的长期积累，写作理论懂得再多也无济于事，正所谓"纸上得来终觉浅，绝知此事要躬行"。但是，多写多练并不是一个单纯的数量问题，公文写作者必须把数量和质量、效益统一起来，每写一篇都要有相应的收获和长进。

为此，初学公文写作的人要注意四点：一要有计划地练，不要盲目地练。对先练什么文体、后练什么文体，什么时候练什么文体，要有安排、有路数，不能随心所欲。二要集中地练，不要分散地练。采取各个击破的策略，在一定时期相对集中地练习一两种文体，力求在较短时间内实现突破，然后再转入新的文体，这比同时交叉、分散地练习多种文体效果会好一些。三要思考着练，不要无所用心地练。每篇文章，从立意到结构，从选材到语言，都要认真思考，反复斟酌，力求最佳，不能胡乱挥洒，潦草从事。四要有目标地练，不要单纯地为练而练。例如，信息类、经验类、调研类的材料，可以把目标定在供内部刊物选用或向新闻媒体投稿上，设定这样的目标本身就是一种压力和动力。文稿一旦被选用，会进一步激发学习写作的热情。这比漫无目的地练习往往好得多。

初学公文写作的人通过反复练习，逐步掌握了公文写作的基本方法、套路和常用技巧，再通过日积月累的反复练习，进一步熟悉了个中门道，积累了丰富经验，进而达到闲庭信步的境界。

这一时期的公文写作者，对材料的取舍、立意的选择、架构的摆布、文字的运用乃至文风的把握等，都做到了心中有谱、成竹在胸。他们不再是初入山门、人云亦云的新手，也不再是生搬硬套、模仿抄袭的"菜鸟"，而是具有宽广知识面和深刻洞察力，能将理论阐述与实际情况、领导意图与受众需求有机结合和融会贯通的文字高手。

面对领导布置的命题，他们往往并不急于动手，而是将更多时间花在前期调查研究上，花在数据、素材和资料的采集分析上，看似不慌不忙，实则苦心孤诣，一旦构思成熟之后，便以破竹之势，按时完成高质量的文稿。

第四种方法　由改到精

学习公文写作，修改是必不可少的。只有在不断的修改中，才能出成品、出上品、出精品。正所谓，好文章是改出来的，一稿就通过、一稿就成为精品的文章不是没有，但为数极少，多数文章要经过反复修改才能成功。

公文写作者写完初稿后，并不代表就完成了，往往还要反复修改锤炼。那么，第一个问题是：改什么？如果用一句话概括，就是构成一篇文章的所有要素都在修改的范围之内。重点有以下几个。

一是把好内容关，注意主题是否鲜明，观点是否正确，能不能立得住，文题是否相符。二是把好结构关，看前后是否衔接，整体是否协调，层次是否清楚，段落是否分明，照应是否紧密，过渡是否自然。三是把好素材关，看是否真实、典型、新鲜、生动，是否恰到好处地说明了主题。四是把好文字关，主要看表述是否准确，语言是否流畅，文字是否清楚、简洁，看每个段落、每句话是否得当，用的数据、事例准不准，字、词、句有没有毛病，这些都要注意。一旦发现毛病，无论大小，都要严肃对待，认真修改。五是把好格式关。文有规矩，格式不能乱用。例如，调查报告，做了哪些调查、到了哪些地方、有什么收获等，这些该交代的都要交代清楚；如序号如何规范，汉字、阿拉伯数字怎么用；如字号要求，黑体、楷体、宋体的用法和顺序等，都要按规范使用。

文章不要怕别人改，"三人行，必有我师"，怕人修改、反对修改、怕丢面子，实质上就是拒绝进步。第二个问题是，怎么改？修改的方法大致有三种：一是静思默改法。就是初稿写成后，自己平心静气地坐下来，细细品味，从中发现毛病。二是边读边改法。就是对写成的文稿，从头至尾读上一遍甚至几遍，边读边思考，边读边修改。这对发现不妥当的词、不通顺的句子极其有效。三是冷却修改法。就是把写成的文稿先放一放，自己则先读一些有关的文章，翻一些相关的资料，开阔一下思路，冷静一下头脑，然后回过头来再对文稿进行思考和修改。这样，即使对比较成熟的文稿，也会发现毛病。

要努力形成虚心请教、民主讨论、认真修改的工作氛围，起草者要反复修改，直到自己满意再出手；把关者要认真推敲，在文稿水平提升后再签字。文成于改，不是个口号。修改，始终是成功文稿的必经之路。

胡乔木是有名的"笔杆子"和理论家，大家可能觉得他才华过人，文思泉涌，他自己常说的一句话却是："我的文章都是改出来的。"据在他身边工作过的同志回忆，反复修改是胡乔木写文章的一大特点。他的文章不管转载多少次，每次都有新改动。由他主持起草的中央重要文稿反复修改几十遍甚至上百遍，一点也不奇怪。为了改动其中一个词，在散步途中折回，对他来说是常有的事。有时在不到一个小时里，他会连续返回几次。他常常被

151

某一个词或某一句话究竟怎样写才合适弄得夜不能眠，而且往往在排印过程中还打电话修改某些句子和提法，一而再、再而三地让印厂改动，直到正式付印。

胡乔木改文章，堪称一绝。从选题到立论，从标题到全篇，从理论到政策，从观点到材料，从布局谋篇到层次结构，从引语数字到标点符号，经过他的细心掂量和推敲，文稿中的毛病、偏差和欠缺，都能被发现。他对文稿的每一个概念、判断和推理，每一个表述和提法，都力求准确、恰当、贴切、得体，合乎实际，合乎逻辑，合乎分寸，合乎政策意图。因此，一篇文章经胡乔木一改，哪怕是改几句话，加几句话，甚至只是改几个字，都大为改观。

看稿时胡乔木心中似乎有一把精密度很高的尺子。《人民日报》编辑送他审阅的稿子，一般都用八开新闻纸，在当中排印三栏长的文字，周围留有很大的空白。而经他改后的稿子，往往布满密密麻麻的清秀的钢笔小楷，而原稿的文字有时候几乎"全军覆没"。

第五种方法　由人推己

比较与参照，是知好坏、晓优劣、见长短的有效方法。学习公文写作，也要学会用比较和参照的方法，取人之长，补己之短。

第一步，立意谋篇，方法是"看两篇写一篇"。例如，要为领导写一篇关于人事工作的讲话，写作之前，可以先找两篇文章。第一篇，要找以往领导同志的类似讲话，这篇文章解决的是"形似"的问题，写的讲话要与这一篇在文章结构、语言风格上像。第二篇，要找上级领导机关相关主题的讲话，这篇文章解决的是"神似"的问题，以保证文章最基本的内容、方向要准。初学公文写作的人找出这"两篇文章"，通过学习和模仿之后写出来的文章，最起码在结构上、内容上不会出现大的偏差。

第二步，内容构思，方法是"换位思考"。初学公文写作的人要从使用者和接受者双方的立场去思考问题，概括起来，可以有以下五个方面：一是法定作者关注和强调什么？例如，领导作为文件签发人或报告人，他代表组织应该表达什么，或者领导要讲话，要说些什么？二是工作职责所在部门希望表达什么？就是有关部门对于这项工作的考虑，希望通过公文传递的工作信号。三是接受者希望获取什么？公文都是有对象、有受众的，他们对公文的期待是具体的，或答疑解惑，或肯定表扬，或明确思路等，应该将这些需求反映在公文中。四是使用者本人希望传递什么？例如工作报告、领导讲话、经验介绍、总结汇报时，由具体的领导代表单位发言，每位领导都有一贯的思路、风格，每位领导都有近期关注的重点、强调的要点等，公文写作者对此应该加以考虑。五是上级希望了解什么？每项工作都应该按照上级领导机关的部署和要求开展，科学地传递上级的要求也是公文的应有之义。通过多个角度的思考，我们就会对文章的主体内容有较为充分的把握。

第三步，写作成文，方法是"转益多师"。在写作过程中，初学公文写作的人要想办法进行比较和参照学习。拿自己的稿子同别人起草的大家公认比较成熟的相同主题、相同体裁的文稿进行比较，看一看人家高明在什么地方、为什么高明，自己的差距在哪里，为什么有这样的差距，思考一下怎样学习人家的长处，弥补自己的短处。找一些不同人起草的主题和体裁相同的文稿进行比较，看一看各有什么特色和长短，找出哪些是可供自己学习借鉴的，哪些是自己应该注意避免的，以博采众家之长。初学公文写作的人要把自己所在单位的文稿同上级单位的同类文稿进行比较，看一看上级的文稿在站位上、在角度选择上、在问题的阐述上有什么高明之处，以便从中受益。

第四步，对照学习，方法是"看花脸稿"。提交初稿之后，领导往往会对文稿提出修改要求，有的时候还会有颠覆性意见，这是公文写作者提升公文写作水平的好教材、好机会。领导审稿时所做的改动，不仅是修改文字，更是对公文写作者思维方式和撰写角度的校正。公文写作者认真学习领会，才能更好地把握领导意图，提高写作水平。我们应该将领导改动的部分和自己起草的内容进行比照，细致揣摩，看一看领导都做了哪些修改，琢磨一下为什么这样修改，修改后的高明之处在哪儿，从中找出一些门道，认识到"应该这么写"的道理和"不应该那么写"的原因。每对照一次，就相当于和领导进行了一次间接的思想交流。当文章最后成稿后，还应该对一稿、二稿、三稿甚至更多的修改过程进行重温，这样常常会有新的启发，也会逐步找到写公文的窍门。有的人将领导改过的花脸稿整理起来，形成个人的"错题本"，就是一个很好的办法。

第六种方法　由内而外

在学习公文写作的过程中，我们常常会遇到一些百思而不得其解的问题或苦苦探索而解不开的疙瘩，这时，如果有人帮助捅破这层窗户纸，就会产生一种豁然开朗的感觉。所以，苦思苦练是重要的，虚心请教也是不可缺少的。

中国人历来把虚心视为美德，学习公文写作同样要讲究"三人行，必有我师"。虚心请教可以有多个层面、多种方式。一是带着问题求解。《礼记·学记》中有句名言："独学而无友，则孤陋而寡闻。"起草文稿不与他人切磋交流，往往会陷入知识单薄，见识狭窄的困境。向他人学习实际上是难得的提升自己的机会。我们在学习写作的过程中，遇到什么想不明白的事情或解决不了的矛盾，要主动向高手请教，也可以请身边的同事一起研究讨论。有的时候，高手的几句话就可以点拨清楚。在同事们你一言、我一语的讨论中，你也常会受到深刻的启发。正所谓"听君一席话，胜读十年书"，千万不要把自己封闭起来。

二是带着文章求改。大家写完文章以后，要多请高手帮助修改。有的时候，人家改动几句关键的话，可以使文章上一个档次；提出几条修改意见，可以使你受益匪浅，甚至受益终生。除此以外，也可以向同事们征求修改意见；如果是以基层工作情况为素材的文章，还可以再回到基层，听听一线干部和群众的反映。在这个过程中，你要特别注意从大家七嘴八舌的议论中抓取有用的信息。俗话说："三个臭皮匠，顶个诸葛亮。"千万不要忽视向并非写作高手的人求教。

三是向书本求知。书本是知识的载体，是无言的老师。特别是一些有关公文写作的专业性刊物，常常发表充满真知灼见的文章，推介来源于实践的经验和体会，经常读一读，会大有好处，有些文章甚至会使你眼前一亮、茅塞顿开。有的书看似与写公文没有直接关系，如文史哲类、法律类、经济理论类、社会科学类等书籍，但多读多看能增强一个人的文化底蕴和理论修养，对写作公文也大有裨益。例如，我读《曾国藩全集》时，特别留意了其中的奏折部分，奏折就是古代的公文，相当于今天的请示、报告和情况反映，曾国藩的奏折号称"晚清第一奏折"，不但负载了大量的历史信息，在写法上也有很多值得学习借鉴之处，所以从公文写作的角度来读这些，就读出了更多的收获。

我们来看看马克思的写作经历，其中有值得我们学习的地方。马克思在创作《资本论》第一卷的过程中，多次引用恩格斯的《英国工人阶级状况》一书的主要内容，并经常向恩格斯求教。他于1866年致函恩格斯，请他直接以合作者的身份出现，而不是作为被印证者。马克思在信中说："如果你能在我的主要著作中直接以合作者身份出现，而不是作为被印证者，这会使我多么高兴！"

恩格斯在协助马克思完成《资本论》创作时，提出了很多建设性的意见。一是写作方法论方面。例如，恩格斯曾以肯定的语气向马克思提出，《资本论》第一卷中论价值形式的那部分，在方法上应该做些修改，可采用历史验证的方法去阐述，不必局限于逻辑上的抽象争辩。二是框架结构方面。《资本论》的框架如何构建得更好，需要以科学的历史辩证法作指导。《资本论》第一卷出版后，为了使《资本论》在结构上更加完善，恩格斯诚恳地提出了其在结构方面存在的问题，并积极建议如何修改。三是理论内容和实际材料的调查与运用方面。在创作《资本论》的过程中，马克思经常提出一些拿不准的理论问题和因缺少实际材料而弄不清楚的问题，向恩格斯求教。如绝对地租的来源和级差地租问题，棉花危机引起的纺织危机与织工、居民群众的关系问题，资本周转和资本的问题，机器设备折旧和修理费的问题等。恩格斯对以上问题的理论分析和基本观点，均为马克思所接受。恩格斯还主动为马克思编制了意大利簿记的材料等，他所提供的纯粹实际材料，在马克思撰写《资本论》时全被使用了。

从马克思创作《资本论》的过程中，我们可以得到的启发是，有条件的话，在公文写作过程中，多听取领导和同事们的意见。本着对领导、对受文对象高度负责的精神，公文撰写完成之后，公文写作者要反复推敲、加工，力求从内容到形式都达到精致和完美。

第七种方法　由众得智

在党政机关和企事业单位，有时重要的文稿并不只交给一人起草，而是成立一个写作班子来集体起草。如果能够参与其中，则是学习公文写作的极好机会。所以，凡有这样的机会，初学公文写作的人就要积极主动地挤进去，即使不能成为写作班子的正式成员，也要尽可能参与他们的一些集体活动，哪怕是列席或旁听。

一要参与正式起草前的集体讨论。这时的讨论一般侧重于研究写作背景、弄清领导意图、确定文章主题、理顺文章思路、搭起文章框架、选好文章角度。参加这样的讨论，对于开阔眼界、拓宽思路、提高构思文章的能力和水平极有好处。

　　二要参与文章的写作。一般来说，集体讨论中明确了文章的思路和框架以后，写作班子成员就要分块来写，然后由一人主笔，把分写的各部分串联在一起，组合成一篇文章。在这一过程中，我们要尽可能全程、深入地参与。即使不是写作班子的正式成员，不承担正式的写作任务，也要选择其中的一部分或几部分写一写，将写出来的文稿同其他人员起草的文稿相比较，看人家好在哪里，自己差在何处，以便有针对性地学习和提高。

　　三要参与集体修改。初稿写成后，往往还要集体讨论修改，有时一个稿子要讨论修改若干次。这也是一个极好的学习机会，它既有助于提高发现问题的能力，又有助于提高解决问题的能力；既有助于丰富知识，又有助于活跃思维。千万不要轻易放过。

　　一般情况下，年轻干部不会有很多写作的机会，特别是大的文稿，那就需要更加珍惜每一次锻炼的机会。因此，年轻干部不要怕活儿，要找着写、抢着写、争着写，要"不怕写""写不怕""怕不写"，一有机会就全力以赴，尽量参与，哪怕一时半会儿还没有大稿子，也要积蓄力量，认真准备，自我加压，努力提高，只有这样，机会来了才能抓得住。有些人生怕自己受苦受累，有重要的任务避之而不及，这样是不可能得到提高的。

　　从事文字工作的同志，相互间要善于碰撞。在与他人特别是与高手的交流和思想碰撞中，眼界和能力能得到更快的提高。一个好的文字工作者，往往是十分注重向他人学习、善于同他人交流的。思想的火花、灵感的突发，常常是在不经意的碰撞中产生的。大家在一起经常探讨，围绕一个主题，仁者见仁，智者见智，就有可能"碰"出灵感，"撞"出火花。

　　现在是知识、智慧共享的时代。我们提倡每个人自己拥有更多的学识，但更提倡把自己的学识贡献出来，让大家汲取、共享，这才是一个同志拥有知识的最大价值，也是一个同志具有集体观念和集体荣誉感的表现。古人讲得好："好问则裕，自用则小。"相互学习、相互交流、相互碰撞，不仅有利于同志间取长补短，而且有利于大家不断地开阔眼界、开阔胸襟，有利于整体工作水平的提高。

▍第八种方法　由繁入简

任何事物的发展变化都有其自身的规律，公文写作也是如此。无论在语言和素材的运用上，还是在整体结构和格式上，公文都有自己显著的特点和规律，同时，不同体裁的公文还有各自不同的特点和规律，差别很大。因此，不论是对于公文的总体规律还是不同体裁公文的个体规律，公文写作者都要努力去掌握。只有掌握了这些规律，写起公文来才能得心应手，至少可以做到写什么像什么。而要真正掌握这些规律，公文写作者就要勤于实践，勤于总结。公文写作者每写一篇文章都要总结，每看一篇文章也要总结，还要经常把一些相同体裁的文章收集起来进行集中研究和总结。公文写作者只有不断研究，不断总结，日积月累，孜孜以求，才能逐步把感性认识上升到理性认识，透过现象看到本质，从繁杂的表象中提炼内在的本质规律，实现由繁到简的跨越。

从事这项工作的同志，应当不断地研究和总结工作经验，使之从感性认识上升到理性认识，从中摸索规律。通过学习、研究、总结，业务水平和功力才能有提高、发展和进步。不断实践、不断总结的过程，是突破量的积累，实现质的飞跃的过程。写作能力的提高，离不开实践，但提高的快慢，关键在于是否善于总结与吸取经验教训。

研究和总结的方法很多：可以自己回顾自己的起草经历，可以学习别人的写作经验，可以学习经典讲话，还可以和同行共同研究等。一是从自己的成功之处总结。每次成功都绝非偶然，自觉找出规律，不仅能赢得宝贵时间，更重要的是能把握更多机遇，写出更好的成功之作。总结成功，不仅能让内心产生成就感，而且更能激发自己的写作热情。鼓励自己探寻成功奥秘，有利于复盘、总结经验，指导今后写作向深层次展开。二是从自身的失败之处总结。失败是成功之母，聪明的人不会犯两次同样的错误，关键是要放宽心态善于接受失败教训。总结失败，目的是引以为戒，下不为例，少走弯路。三是从别人的成败中总结。总结自己成败是主要方面，但仅局限于总结自己的成败是不够的，还必须善于总结和借鉴他人的经验与教训，开阔自己的视野，以便灵活自如地驾驭公文写作。公文写作者通过步步总结"悟"出真知，不断深化对公文写作的规律性认识，从而逐步推陈出新。

总结是锻造思想力的"台阶"，公文写作者要养成一个习惯，每次写完一个大稿子，完成一个大的任务，都要回顾检视一番，做一次复盘，看看哪些做得好的地方可以继续，哪些还可以有所改进。总结的内容可以关注以下几点：一是总结抓问题的深度。看看自己在问题意识和提问能力上是否有提高；是否能够做到再深入一步。二是总结写作技巧。看看自己是否较好地运用了哲学、逻辑学、心理学知识；在谋篇布局方面是否体现了辩证思维、战略思维、全局思维和创新思维。三是总结写作特点或风格。看看自己的作品有哪些特点；如何完善和发扬这些特点，进而逐步形成自己的写作风格。四是总结他人见解。认真听取别人的意见、建议，看看有没有道理；如何改进或发扬，做到取人之长，补己之短。

例如，我在工作中形成的"事前有计划、事中有检查、事后有总结"的工作方法就非常行之有效，每一次总结都是对自己的一次提升。每次完成工作报告等重大任务后，起草团队都认真召开总结会，每个人畅谈自己在工作中的体会和心得，总结经验教训，探讨如何进一步改进，使大家更加明确目标和方向，积累了工作信心和经验。我自己在工作中也通过不断总结，归纳了文稿起草的"六宜"与"六忌"，重要文稿的"四步成文法"和八个环节，文稿中的八种逻辑关系等一些经验体会，对于做好自己的工作以及指导团队工作都很有帮助。

第八课
Lesson Eight

修炼写作力的有效途径

公文写作是职场一项重要的应用技能，同时，也是一个人综合素质和能力的体现。通过前面几课的学习，我们可以看到，要写好公文，写作者不仅需要较高的文字水平，更需要具备良好的理论素养、思想深度、认识水平、逻辑思维、知识储备、创新意识甚至担当精神、工作作风，是一个人全方位综合素质的集中反映。能写出有思想、有水平、务实管用的公文的人，往往有很好的工作能力和发展潜质，即使离开公文写作的岗位，从事别的工作，也能干出一番成绩。所以，公文写作也是一个不断自我完善和不断提高修为的过程。

那么，怎么样才能提高公文写作能力，从而很好地驾驭公文呢？前面我们从了解公文的基本特征、把握法定公文和事务性公文主要文体的写法、知晓公文写作的主要步骤、学习公文写作的主要方法、抓住公文写作中的重点问题几个角度进行了学习，这一课，我们将主要讨论提高公文写作能力的一些有效途径。

途径之一　持续学习

公文写作本身的知识相对容易掌握，而写作所需的知识和能力却更需要学习和提高。《礼记·学记》中有一句名言："学然后知不足。"起草公文时，我们往往也有这样的感觉："写然后知不足"，这种不足包括学习准备不足，即接手起草任务后，往往觉得脑子里空空的，不知道从哪里下手、从哪里切入；熟悉资料不足，即平时也准备了很多资料，可需要运用时，怎么翻箱倒柜也找不到可用的；思想准备不足，即只停留在表面，不能深入思考，得不出有深度和有价值的观点。而要解决这些不足，重要的途径都是依靠学习。

学习首要的方式是读书。公文写作者要博览群书，成为"杂家"。读经可以感悟人生大智慧，读史可知古鉴今谋未来，读诸子百家之言可知思想之灿烂、语言之活跃，读集可知诗文之魅力，读哲学可以变浅显为深刻，读社科可以了解和分析社会，读经济可以思考发展与建设问题。正因为公文涉及领域多，需要知识面广，所以公文写作者要立志做"通才"，善于当"杂家"，什么都要学一点，什么都要懂一点，"博学而不穷"。脑子里装的东西越多，肚子里的货越多，那么你的底子就越厚。

公文写作者追求广博的同时，也要做到有所专精，特别是在所在的行业和领域，要有所研究，对一些问题有自己的见地，尽可能成为专家。那么，首先要懂得本行业基础性的原理，掌握结构性的知识，形成基本的知识体系。现在社会分工很广泛，隔行如隔山，要熟悉相关行业的基础原理、基本架构、历史脉络和重要趋势，在这些基础理论的指导下，通过看本行业的具体材料，包括原始素材、典型材料、总结材料、专题报告、行业分析等，不断加深对行业具体情况的了解和掌握，这样能抓住关键点，练出透视力，这样写出来的材料才不外行，才能得要义，才会准确、透彻、传神。

公文要有思想才能出彩，这需要思想力的支撑。思想力是从普通思考上升到思想高度的思维能力，如何提高思想力？从学习的角度来说，要善于与智者"对话"。大师们的智慧成果就是经典原著。研读经典原著是提高思想力的必由之路。公文写作者要在学习经典原著中学习大师们认知世界、透视世界、表达世界的胸襟、视角和方法。读原著要少而精，最好能把古今中外的大师名著进行比较深读，比较他们对世界的洞察、对社会的透视、对真理的探求、对智慧的展示。要有足够的定力和耐心，钻进去分析，从中汲取营养来提高自己的修养，增强思维能力，日积月累之下，我们的洞察力、判断力、抽象力、概括力等就会不断得到提升。

除了阅读学习，我们还需要在实践中脚踏实地不断观察积累，丰富、深化对于实践的认知。要到一线去，看、听、问、论。看和听是基本功，要会看、会听，否则就是熟视无睹、充耳不闻。要会问，如调研，不能走马观花、蜻蜓点水，一定要问，问到事情内在的、敏感的、关键的"神经"上去，抓住节点、焦点去问。有了深入的"问"，"论"就自然展开了。这样获得的信息，抓到的内涵，学习的东西，跟别人是绝对不一样的。

就写作一篇具体公文而言，除了学习浏览相关知识和材料，深入实践了解相关信息，还要做好案头工作，深入研究与这项工作相关的上级工作思路、重要文件、信息简报等资料，把重要的情况搞清楚，把主要的观点掌握好，这样才能有的放矢，言之有物。

在学习方式上，公文写作者要注意以下两个方面。

第一，既要深度学习，也要善于利用碎片化时间学习。读经典，掌握行业原理，深入调研，专题研究，这些都是深度学习。与此同时，利用好碎片化时间，整合利用好碎片化信息，也是学习的有效途径。聪明的工匠懂得利用边角料，变废为宝。我们在学习研究过程中，也会经常遇到一些精彩的论述、有价值的观点、好的提法、好的构思等，但因为主题的要求、篇幅的限制等暂时没用得上，有的同志就把它们丢弃了，可有经验的同志往往把这些"边角料"收藏起来，记在本子上、装在脑子里，有时间就反复琢磨。说不定什么时候，一些有亮点的思想和语言就会派上用场，有的典型例子就会给某篇文章增添色彩，真正使"边角料"实现增值。

第二，既要注意平时学习，也要有针对性地及时学习，提高快速学习能力。学习重在积累，贵在坚持，不能三天打鱼两天晒网。但有时针对某个具体话题，也要及时进行专题性的突击学习，对公文主题涉及的一些背景资料、主要事实和重要观点、典型事例等，公文写作者要快速学习和研究，即学即用，"现炒现卖"，努力使自己在较短时间内成为所写问题的"专家"。这种"临阵磨枪"式的学习，因为带着问题、紧贴主题，往往了解情况快，打下烙印深，是公文写作者必须掌握的学习方法。

途径之二　勤于积累

公文写作能力的提升是长期的过程，不是一蹴而就的，需要持续积累，积累的过程就是从量变到质变的过程。

首先，要广泛积累，建好"仓库"。积累的范围是很广的。

一是知识的积累，包括理论知识、专业知识和各种社会知识的积累。公文写作需要一定的社会洞察力和对问题的分析认识能力，需要有较为深厚的理论功底，包括一定的专业知识和较宽的知识面，否则不可能站得高、看得远、想得深、讲得准。二是能力的积累，主要是指公文写作所需要的组织能力、协调能力、沟通能力、写作能力、思维能力等，这些既要靠学习思考，更要靠在实践中磨炼，离不开平时的积累。三是方法的积累，主要是公文写作一些必备的方法和技巧，也包括借鉴别人的或者自己琢磨的一些有用的方法。四是观点的积累。无论是从各种评论中看来的，还是自己思考来的，要对一些问题形成自己的见解和独特看法。五是语言的积累，生动的语言，精彩的语句，凝练的说法，一些"提神"的话，这些平日里的积累，总会用得着。六是信心的积累，从最初接到任务的不知所措，到越来越得心应手，直至游刃有余，甚至进入自由境界，这就是在一次次磨炼当中积累了信心，增强了底气。

其次，要四处浏览，练好"眼睛"。要成为一个"有心人"，处处留心看究竟，在别人习以为常的地方多看多想，不光"看热闹"，更要"看门道"。

眼睛一要"盯世界"，把握本领域工作的世界发展大势及其对本地区、本领域工作的影响。二要"盯中央"，及时学习党和国家的最新部署，找出其同本领域工作的关联。三要"盯上级"，弄清楚同自己关系密切的相关部委、上级部门有什么行动和举措。四要"盯自己"，熟稔本单位和所属各单位有什么工作举措和进展。五要"盯各地"，看看有什么典型性做法、创新型经验。这几方面都看了，搜集的资料就会比较全了。

最后，要分类施策，用好"抽屉"。不能眉毛胡子一把抓，要针对不同特点的工作，采用不同的方法。

对于常规性的工作，要多浏览已有资料，详细掌握工作的情况和侧重点，加强同领导沟通，多向同事学习，搞好调研，多搜集素材，多做一些研究性的思考，花点精力去掌握一件事情的前因后果、历史脉络、最新变化，做到心中有数。

对于创新性的工作，公文写作者要通过平时的积累和对工作规律的探索，不断提升被动状态下主动做好工作的能力。要养成剪报、摘抄和记笔记的习惯，平时搞好各种资料的收集整理，分门别类建立资料库，确保在需要时能迅速找得出、用得上，力争把创新性的公文写得匠心独运、别具一格。

对于紧急性的工作，心中要时刻装着一个预案，始终处于"备战"状态，对某一时期的重点工作，要时刻保持深入全面的了解，在需要时能从容应对，确保各项工作紧而不松、忙而不乱，力争把时间要求紧迫的公文写好，彰显扎实的功底。

积累既要持之以恒下硬功夫，也要运用一些软技巧。

一是掌握套路，备足"锦囊"，有备而无患。对写公文来说，有很多被大家所证明的行之有效的方法，俗称"套路"，也有一些实用性的方法和技巧，是工作的"锦囊"，这些都要多积累，多掌握。例如，有一些常用的分析研究方法，如分范畴研究法、解剖麻雀法、对比分析法、情境假设法等，以及归类、比较、提炼、沙盘推演等方法。

二是学会检索，提高工作效率。在信息化和知识爆炸时代，要充分运用信息网络化的特点和优势，创新学习和积累知识的方式，学会建立知识索引，知道到哪里去找东西，学会使用数据库获取海量信息，更要有对知识信息的整理加工能力，避免在大量的信息、材料面前"泥牛入海"。这时就要善于利用计算机和网络这个"外脑"。

我有一个观点：把记忆让给"外脑"，把思考留给自己。平时我们要注意素材的积累，但这种积累并不是说什么东西都要往脑子里塞，只要知道我的"外脑"里有哪类素材、是如何归类存放的就行了。网络这个"外脑"的最大优势在于，其素材是世界各地的人帮你储备的，如只要进行一次主题词搜索，你所需要的大量素材就会呈现在你的面前，你可以很快接触到人们对某个问题的大量思维成果，从而在较短的时间内缩小自己与他人的认识差距。把记忆留给"外脑"，才能有精力多做一些积极的思考。所以，利用"外脑"是提高工作效率的有效途径。

三是做好知识管理，有效运用资料。储存资料不是为摆门面，资料再多再好，不知道有用的东西在哪里，不知道怎么使用，资料就是"废料"。用活资料的前提是学习资料。现在资料来源广，特别是在网上，轻轻一点，就有成千上万条信息。我们要把有用的初步挑选出来，做一个简单分类，对重要的思想、观点、事例要做上记号，对有启发意义或直接能用的资料还要记在脑子里，认真思考，反复领会；对一些有联系但又不能直接用的资料，要进行粗加工；对一些重要的观点、表述等要认真查找出处，确保准确无误，做到什么时候需要，什么时候就能找得到、用得上。

四是善于借力，用好"外脑"。任何一项重要政策的出台、经验的推出、改革举措的实施，事先都经过多方的科学论证，反复征求方方面面的意见和建议。在这一过程中，有关领导和专家学者会从不同方面阐述中央精神、领导意图和个人见解。从事文字工作的同志，必须敏锐捕捉这些重要信息，提前做好相关的理论和知识储备，全面掌握有关方面权威人士和专家学者的文章和观点，当需要的时候，才能胸有成竹、信手拈来。

有些时候，公文写作者会感到力有不及，这时最好的方法是学会借力，借助"外脑"，来完成文稿的起草。一些文稿对专业理论知识要求比较高，如讲到经济工作，了解面上的情况，懂一些基本的经济学原理还不够，还需要具备一定的理论深度，这时就可以求教于经济学家。一些专项课题需要花时间和精力搞调查、做研究，而你可能一时安排不出足够的时间。有时写作中涉及新概念和前沿理论，你可能把握不住、理解不透，缺少发言权。遇到这些力所不及的情形时，要充分利用各类智库、专家学者的力量，将方向把握好，把命题拿出来，把问题提出来，交给有研究有造诣的人来解答。然后把他们的智慧、他们的研究成果为你所用。

途径之三　有效思考

"学而不思则罔，思而不学则殆。"提高公文写作水平的一个重要方法，就是要善于思考。思想有多远，文章就能走多远。思考的广度与深度，决定了写作的广度与深度。同样一篇文章，不同的人来写，有没有思考，思考的程度如何，其效果大不一样。写公文的人，一定要勤于思考，善于琢磨，多问几个为什么，多问几个行不行，多问几个怎么做，不能流于表面，不能人云亦云。要透过现象看本质，把深层次问题提出来，把本质的东西抓住，努力有所发现、有所感悟、有所创造。只有这样，公文写作者才能把学习变成有效的学习，把经验提升为理论，写出有理论、有深度的文章。

公文写作远不是"会写字"这么简单，如果一个人不懂政策、缺乏思想，那他的文章哪怕写得天花乱坠，也不过是"绣花枕头"，中看不中用。所谓好文章的分量，根本上是它所表达的思想和道理。思想从哪里来？古人讲，"读万卷书，行万里路。"就是要求我们多听、多看、多学习，认真思考，精心研究。

具体地说，公文写作者要综合运用归纳与演绎、分析与综合、具体与抽象，以及比较、分类、统计、想象等手段，对事实和素材进行去粗取精、去伪存真，再由此及彼、由表及里地深入思考和推理，透过现象把握本质，找出规律性和普遍性的东西，找到解决问题的有效办法。从某种意义上说，公文写作中，"写"只是最后一个程序，从有效思考的角度来说，在写之前还有几个前序性的工作。

第一，要研究清楚了再写。我们前面说过，写作公文要树立"领导者"意识和"接受者"意识，这里我们要说，还要牢固树立"研究者"意识。从某种意义上说，公文写作者比研究人员更需要搞研究，因为这是正确决策的需要，如果对问题没有深入研究而草率决策，造成的破坏性后果比研究人员要严重得多。在起草公文前，公文写作者一定要对有关问题进行深入研究。如果只是起草通知、函、会议纪要，研究单项的、具体的问题就够了；如果起草大型的报告、领导讲话和综合性工作汇报，则要对全盘工作做深入、细致、全面的研究。

公文写作者需要研究的内容包括：一是研究本部门本单位的职能、职权、职责，将应该做什么工作，可以做哪些工作研究透。二是研究本单位的历史，至少是最近五年的历史，深入了解已经做了哪些工作，有什么问题和不足，有什么需要改进的地方，有什么固定的工作模式和行之有效的工作，还要了解哪些是经常性、常规性、持续性工作，哪些是临时性、紧急性工作。这些可借助《年鉴》、本单位本部门的各种资料汇编以及历年的内部刊物获得。三是要研究本单位本部门的工作规划、工作安排、工作要点。四是要研究本单位本部门的运作机制，掌握本单位是怎么开展工作的，如本单位的内部机构、二级单位、指导单位的运作情况，以及单位的工作制度，如办公会议、党组会议、常委会、全会、代表大会召开的频率和主要议程，以便提前收集相关资料和素材。五是要研究上级机关对本单位工作的要求、指示、批示，弄清上级机关希望本单位本部门怎么开展工作。这可以借助于上级单位下发的文件以及主办的网站和刊物了解，也可以通过上级单位领导人的讲话了解。六是要研究兄弟单位的工作情况，看看别人是怎么做的，了解他们的工作进展情况，看看他们的工作是否有所创新，是否有可以借鉴的先进经验。进行这些研究之后，公文写作者撰写公文就有了基础，写起来就会驾轻就熟，且立意会比较高。

在进行研究时，公文写作者要把握两点：一是研究工作比研究材料更重要，或者叫研究问题比研究材料更重要。文章是为工作服务的，工作就是为解决问题的。我们经常讲"开门当秘书，关门当领导"，而要当好"领导"，就要做到与领导思路对接、同频共振，而不是游离于领导之外，置身于工作的边缘，为文章而文章，为材料而材料。这不仅是揣摩领导的喜好，研究领导的性情脾气和言语习惯，更重要的是研究领导所担负的工作。研究工作，就要经常想着工作进展得怎么样，我能为领导决策做些什么？如果我是领导，我对这个问题应该怎么看，我希望下边怎么干？向上级汇报，就要想着我们到底做了些什么，上级领导想听些什么，怎样汇报才能更出彩。公文写作者对问题思考的高度和深度，决定了公文的高度和深度；公文写作者对工作的关注度、融入度，决定了公文的适用度和瞄准度。公文必须围绕工作，围绕问题，特别是中心工作、主要问题、重大问题来进行构思和写作。只有这样，公文写作者才能把握大局，站位全局，才能把话说透，把问题点准，把带有规律性和根本性的东西揭示出来，写出的公文才能切合实际，解决问题。

二是研究规律比研究技巧更重要。世上任何事情都有规律可循，公文也一样，只要在平时具体写作实践中勤研究，多琢磨，多摸索规律，就会收到事半功倍的效果。这不是"党八股"，而是规律。公文写作要尊重规律、研究规律、掌握规律、运用规律，创新也不能违背规律，而创新本身也有规律。所以，研究规律比研究技巧重要。

第二，要"悟"到了才写。谈到思考，就不得不提悟性。悟性好的人，不仅接受快，入手快，而且能融会贯通，激发思维的扩散性和创造性。悟性是一种素质，更是一种境界，非一日之功可成。讲悟性，要讲两句话，第一句话是"功到自然成"，就是平时要不断地学习、不断地积累、不断地思考、不断地历练，以提升我们的思想水平。第二句话是"功夫在诗外"，更多是通过我们触类旁通、融会贯通来形成我们自己的特质，培育我们独到的思维习惯。

悟性包含的内容很多，作为领导的"外脑""智囊"，公文写作者必须围绕领导的"大脑"转，尽可能地学习领悟领导的思维方式和工作艺术。所以，公文写作者要着重从以下几个方面去悟。

一是从领导的讲话、谈话中悟。反复学习研究一段时间内领导的各类讲话，悉心领会、潜心揣摩，争取每阅读一篇文章、每起草一篇文稿，都能悟出领导的一些思想，悟出领导讲话的艺术与风格。二是从领导参与的政务、事务活动中悟。尽可能多地参与领导的各类公务活动，减少信息不对称，近距离感受领导待人处事的方法，从中体悟领导思考问题、谋划工作的风格，把握领导处理解决各类复杂问题的原则，摸准领导办理政务、处理事务的特点。三是从领导阅读的书报、关注的信息中悟。在平时与领导的接触和交谈中，注重了解领导某一时期的研究方向，对领导阅读的有关书籍、重要文章、收集的资料和关注的新闻报道等，也要学习、研究，尽可能多地掌握相关信息。四是从领导批示、交办的事项中悟。领导在处理日常事务时，会或多或少地流露自己的看法与观点。公文写作者在平时要注重从细节中捕捉，见微知著，日积月累，努力做到在思想上与领导合拍、工作上与领导合调、行动上与领导同步。

第三，要问到点子上再写。公文写作要坚持问题导向，善于提问。我们常说的问题意识，就是一种提问题的能力，是一种主动思考的思想准备。树立问题意识，就是要善于发现问题、提出问题、直面问题、研究问题、回答问题，积极推动问题的解决。爱因斯坦说："提出一个问题往往比解决一个问题更重要"，因为解决一个问题也许仅仅是一个数学上的或试验上的技能，而提出新问题，从新角度看旧问题，却需要创造性思维。

心理学研究表明，意识到问题的存在是思维的起点，没有问题的思维是肤浅的思维、被动的思维。问题意识在思维过程中占有非常重要的地位，是培养思想力和创新精神的切入点。一个有问题意识的作者，在公文酝酿过程中，会产生解决问题的需要和强烈的内驱动力，不断提出问题和解决问题。问题意识决定公文的研究方向和研究深度，是对公文写作者思想力和理论功底的真正考验。没有问题意识，公文写作者就难以找到材料的表达突破口，即使抓对了问题，也可能浅尝辄止。严格来说，起草每一份文稿，公文写作者都应该或者能够提出一个重大而现实的问题，或者回答一个问题。可以说，公文写作者没有问题意识，本身就是大问题。

问题意识的树立，离不开学术意识和怀疑精神。学术意识，就是把写作的议题当作学术课题加以研究，始终保持一种旺盛的求知欲，运用学术研究的基本方法，促使自己不断地从问题出发寻求答案，为了解决问题而欲罢不能，而不是为了写而写。怀疑精神是一种创造性思维。古人说："小疑则小进，大疑则大进，无疑则不进"。这里的"疑"，就是在提倡怀疑精神。怀疑精神是问题意识的前提，只有不人云亦云，敢于独立思考，不盲从，才能见人所未见，才能提出有价值的问题。

第四，调查研究到位了再写。调查研究既是一种实践的方式，也是一种交流的方式，更是一种思考的方式。从思考的角度，调查研究要做到动脑动口动手。

一是善于动脑。调查研究是艰苦的脑力劳动，是开放性、探索性、创新性的思维活动。公文写作者既要有突破固有成见的勇气，也要善于开动脑筋，讲究方法，进行科学思维。例如，看问题不仅要看正面，更要注意反面，进行逆向思维。在众口一词的环境中，要捕捉其中的差异，常常是表面的细微差距，反映了深刻的实质矛盾。在了解情况时，公文写作者不仅要找亲历者，还要找旁观者；在制定政策时，公文写作者不仅要听受益者的意见，还要听受害者的意见，且更要重视受害者的意见。公文写作者要从众多常见的现象中捕捉新生事物的萌芽，从微小的征象中找到真实的、有生命力的东西。

二是敢于动口，就是敢于提问，敢于一针见血地把问题挑明，敢于讲出自己的不同看法与对方讨论。在调查时，公文写作者如不敢提出疑问，不敢追根究底，不敢和对方深入探讨，就难以搞清事实、抓住要害、理出头绪；在研究问题时，公文写作者如不敢畅谈自己的见解，不敢发表不同意见，不敢和老同志、领导同志面对面讨论问题，就难以发挥作用，也失去了绝好的学习机会。公文写作者要解放思想，消除顾虑，学习"打破砂锅问到底"的精神。

三是勤于动手。勤于搜集，在资料和信息的搜集、整理上，公文写作者要尽可能广泛、全面、实在，特别是一些基础材料，尽可能做到有备无患。公文写作者要勤于记录，记重要的资料线索，记调查中的问答，记研究中的各种意见，通过记笔记，强化记忆，强化分析和归纳，使思考更深入、头绪更清晰。公文写作者要勤于写作。写作的过程其实是思考提炼的过程，是分析归纳的过程，是运用文字准确精练地表达思想的过程，那种不下苦功夫就想写出好东西的浮躁思想是要不得的。

四是想好了再写。公文写作的关键不是技巧和文字水平，而是对事实、对资料的价值判断力。往往一个命题，最不缺的就是各种各样的资料，最应该做的就是从这些海量的看似再寻常不过的字句、观点中，把最有价值、最有内在张力、最有改造拓展空间的部分敏锐地区别、提炼出来。公文写作者通过外在形式的重组、内在逻辑的重构，成就文稿的立意之新、表述之新，以及形式之新。

所以，在公文写作中，"想"的功夫下了还是没下，下到了还是没下到，效果大不一样，过程体验也绝不一样。尚未动手便认真思量，看似比立马开写耗神费力，其实效率、质量更高，是一种事半功倍的做法，是"好钢用在了刀刃上""磨刀不误砍柴工"。与之相反，匆忙上阵，仓促动手，前面不费事，后面则要费大事。

一般来说，长周期的稿子，时间相对充裕，公文写作者有条件在思考谋划上多下些功夫，但还是要强化"想好了再写"的意识，不要因为时间够用，就一遍一遍地写、一遍一遍地改，这样很容易陷入低层次重复的怪圈。而对短周期的稿子，或许没有那么多时间调研，但进行头脑风暴的活儿不能少，可以大家一起讨论，或者安排座谈调研，请一些专家学者一起讨论。还有一种更极端的情况，需要一个晚上甚至几个小时就拿出稿子来。这时候也不能慌张，甚至更需要坚持"想好了再写"。时间越紧，公文写作者越要想明白、拿得准。因为稿子交给领导时已没有调整修改的时间，如果"不靠谱"，领导只能将稿子弃之不用。有时遇到这类急用的稿子，公文写作者倒逼着自己去想，大脑快速运转，往往还能急中生智，冒出些火花来。当然，思考的功夫最好下在前面，如果再往前延伸一些去理解，就是功夫下在平时。没有平时看似不经意的积累，等到急用的时候，就会巧妇难为无米之炊。

途径之四　刻意练习

要想写出好的公文，没有任何捷径可走，关键在平时的积累、实践的磨炼、"功力"的提升等，其中很重要的一点就是要刻意练习。

心理学家把人的知识和技能分为层层嵌套的三个圆形区域：最内一层是"舒适区"，是我们已经熟练掌握的各种技能；最外一层是"恐慌区"，是我们暂时无法学会的技能，二者中间则是"学习区"，就是存在挑战但通过努力可以学会的技能。有效的练习应该是在"学习区"内进行，具有高度的针对性，要求思想高度集中，这就与那些例行公事或者泛泛的练习完全不同。

　　"刻意练习"的理论在公文写作当中同样适用。一是要乐于写。石油大王洛克菲勒说："如果你视工作为一种乐趣，人生就是天堂；如果你视工作为一种义务，人生就是地狱。"只要愿意写，愿意吃这个苦，就没有写不好的材料。当然，这不是一朝一夕就能办到的，而要经历一个渐进和突破的过程，只要坚持不懈地有效练习，就会从文字工作的"必然王国"走向"自由王国"。二是要善于写。很多人经常感到材料不好写，原因其实就是积累不够、底气不足。学习很重要，坚持正确的学习方法更重要，低水平重复的学习是没有价值的；学习很充实，深入下去更充实，浮在表面的学习是枯燥的、痛苦的、难以收到成效的；学习很快乐，学以致用更快乐，学习的目的是在学习中思考、运用和提高。三是要勤于写。写材料要一个字一个字地组合，一句话一句话地排列，没有一种吃苦耐劳的精神，是搞不好文字工作的，没有刻意练习的韧劲，水平也是难以提高的。古人云："天下事以难而废之者十之一二，以惰而废之者十之八九。"公文写作者掌握了正确的方法，就能越写越好。要勤写、多写，沉下心来，深入进去，静得下心，吃得起苦。四是要甘于写。公文写作者地位特殊，不是领导却有领导的影响力，没有权力却是权力的见证，所以要调整好自己的心境，浮躁不得。公文写作者要甘坐冷板凳，始终以一种平静、平和的心态对待工作，在不断学习和练习中提高自己的水平和修养，用辛勤的笔耕实现自己的人生价值。

　　做到了以上几点，公文写作者就树立了写作的志向，平时就要把写作融入自己的生活，对很多事情都可以从写作的角度来加以审视，加以衡量，使自己始终保持在学习区，处于刻意练习的状态。例如，除了书面的写作外，我们日常的交谈也可以视作口头作文、即兴作文，也是一种演练。再如，不管是写个人简介、写一封感谢信，还是写一个合同，都应该从多文体写作的角度来看待，每一种文体中都有值得公文写作者借鉴的地方。通过在这些写作中综合运用记叙、议论、描写、说明、抒情等多种手法，公文写作者使自己熟练掌握"十八般武艺"。

我们大都有过这样的亲身感受：凡是自己思考、消化过并且亲手写过的东西，会牢牢留在自己的脑海里，这与泛泛浏览资料的效果截然不同。在写作中掌握的知识点、形成的思维逻辑、出现的思想火花，都会成为自己新的知识储备，这是一个"知识的私有化"过程。这可以从两个方面入手：一是"一鱼多吃"、一源多流。写上一百篇文章，不如写好一篇文章。公文写作者要提升公文写作水平，聚焦目标、集中火力是一个很好的办法。例如，写完了一篇讲话稿，可以尝试把这篇讲话稿改造成大会报告、会议纪要、学习通知、新闻通稿、评论员文章、社论文章、专栏文章、发言摘要等各类形式，虽然基本内容一致，但不同形式对文章的要求是不同的，把一篇文章拆开了揉碎了，重新排列组合，反复咀嚼琢磨，就会对各种类型的文体有基本把握，也会大大加深对内容的理解。二是以写促学，以说促学，以教促学。日常写作不必局限于与工作相关的公文范围内，如果有时间和兴致，公文写作者还可以多写一些工作之外的东西，掌握不同文体的写作技巧，熟练掌握言情、说理、叙事、状物这些常用的基本文本写作技巧，并融会贯通，这会对公文写作起到良好的促进作用。公文写作者要多珍惜座谈发言、讲座交流、知识分享等机会，要认真准备，借此机会对自己的知识、观点和思想进行梳理和盘点，并在此过程中激发新的思想，挖掘新的学习内容，填补自己的空白，使自己的知识条理化、系统化，把自己认为正确的、有用的观点和知识分享、传递给别人，并从公文写作的角度反观自己的内容输出，这就成了一个为了输出而倒逼提高输入的过程。

对于公文写作的刻意练习，我们可以归纳为以下几个方面。

第一，践行一个定律，就是一万小时理论。这是作家格拉德威尔在《异类》一书中指出的，"人们眼中的天才之所以卓越非凡，并非天资超人一等，而是付出了持续不断的努力。一万小时的锤炼是任何人从平凡变成世界级大师的必要条件。"这就是"一万小时定律"。要成为某个领域的能手和专家，需要一万小时的练习，按比例计算就是：如果每天工作八个小时，一周工作五天，那么成为一个领域的专家至少需要五年。这个道理可以同样适用我们公文写作这一能力的训练。

第二，秉持两个原则：删繁就简和标新立异。删繁就简就是把复杂问题简单化。公文写作者在写作时要简洁清楚、流畅自然，要精准表达每个字、每个词、每句话，要养成简约生动叙事、清楚明白说理、形象准确描绘的习惯。公文写作者要追求更为经济、更加简约的表达方法，简单朴实，干净利落，杜绝浮华。标新立异，就是每篇公文，无论立意谋篇还是遣词造句，都要有独创性，要在现象背后纵深一步探究原因，在相关的事物之间进行联想，把一些意念、想法和见解重组，提出新理念、新思想、新举措。

第三，力求"四个一样"。一是像理论家一样理性思考。把一些思想提炼出来，使它成为妙笔生花之句、画龙点睛之笔。二是像教育家一样细致入微。公文是用来交流经验、促进工作的，要明确对象，要细微观察、认真总结，要善于传授，教人方法、让人明白。三是像史学家一样深刻深邃。没有对历史的正确把握，就不可能很好地昭示未来。写公文要有历史眼光，公文写作者分析问题要知缘由、思结果，要从纷繁世事中探寻规律，从历史沿革中彰显厚重。

具体到一篇公文的写作，公文写作者也要注意在三个重点环节上刻意练习。一是拟定提纲，方法是"闭上眼睛"。开写之前，要起草提纲，在掌握基本素材、充分思考的基础上，合上参考文章，合上各类材料，越过纸面深思考，闭上眼睛想清楚，合上书本写提纲。切忌翻阅各类材料，这里摘一个观点，那里找一个想法，拼凑提纲。二是起草稿件，方法是"一气呵成"。长期用计算机写作，很多人往往养成"先写容易的"和"复制粘贴"的习惯。但如果公文写作者先写材料丰富的、容易的、想清楚的，会使文章看上去是"拼凑"出来的，而不是"写"出来的。这是公文写作的大忌。因此，在公文写作的培养阶段，公文写作者就要形成一个良好的写作习惯，想清楚、写清楚，按照提纲，从头到尾写下来、顺下来，一口气完成，先"热写作"，再"冷处理"，就是放一会儿，回头去修改。三是反复修改，方法是"逼着自己改"，刚学习公文写作的同志在写完初稿后，往往会感觉"不知道改什么""不知道怎么改""不会改""改不动"，这时候就需要对自己"狠一点"，进行自我否定、自我提升，要强迫自己多换角度、加深思考、提高站位，对已有的文稿反复琢磨，反复修改，有时甚至还要推倒重来。每突破一次"改不动"的困境，文章就会提高一个水平，自己的写作能力也会提高一个层次。

途径之五　思维致胜

公文写作的高下，最终是思想的体现，是思维能力的反映。公文写作者要把每一次起草的过程当成锻炼自己思维能力的过程，而且平时多做一些思维训练和思想演练，带着问题思考和钻研，让自己的思维处于一种活跃状态，掌握正确的思维方法和规律，保持信息接收的灵敏度，这样遇到问题时就能快速启动思维程序，提高思考的效率。

公文写作者最为重要的思维方式是结构化思维。按现代科学理论来说，认知世界有且只有两种思维形态，一种是结构化思维，即逻辑思维，一般具有语言、概念、数字、分析、逻辑推理等功能，另一种是感官化思维，也就是形象思维，一般具有音乐、绘画、想象、情感等功能。根据公文的特征来看，运用更多的是结构化思维。

从概念来说，结构化思维是以构建与客观世界相对称的体系框架，并将分析对象置于其中得出结论的思维过程。结构化思维的目的，一是还原，二是加工，世界本是纷繁复杂而多变的，而世界万物的运转又是有逻辑、有规律可循的，所以运用结构化思维，能得到对事物相对完整、系统和深入的认识。与之相对，有些人的思维方式是线性的，或者是散点式的，运用这样的思维方式来思考事物，得到的结论也往往是不缜密、不完整的。

公文写作者的结构化思维主要体现在辩证思维、战略思维、全局思维、底线思维、系统思维、创新思维等方面。而其作用，主要体现在三个方面：首先是系统性，就是观察事物全面，分析问题周延，得出结论中肯，没有重大缺失和遗漏，能够反映事情的全貌，不是以偏概全，也不是挂一漏万。

其次是创造性，就是能透过现象抓住事物的本质，话不在多，但要切中要害，给人以深刻的启迪、震动和警醒；把阐述的问题剖析深透，论述问题能往深处开掘，抽丝剥茧，逐步递进，不满足于抓次要的，更要抓主要的；不满足于掌握事物的外在特征，更要挖掘内在联系；不满足于眼前的情况，还要预测发展趋势，提出新颖独到的见解；在论述中赋予辩证哲理，用雄辩的逻辑力量增强思想性；把具体的问题概括升华，把具体的事物理性化，把零乱的观点系统化；从个别问题中引出一般性规律，从而给人以条理性、思路性的东西。

最后是逻辑性。逻辑是人们正确思维、论证和表述的重要工具，是思想力的表达形式。写作公文就是在运用概念，所以离不开逻辑，概念、判断、推理、归纳、演绎，这些既是逻辑学的基本要素，也是写作公文的基本方法。逻辑关系不清，必然导致思维混乱，结构不清，表述失当。在公文写作中，公文写作者重点需要把握以下七种逻辑关系：总分关系，主次关系，并列关系，递进关系，因果关系，定性与定量的关系，虚实关系。

与结构化思维相对应的是感官化思维，这虽然不是公文的主打思维，但也并不是一概不用，有些时候适当地加以运用，也能增强表达效果。这里我们讲述两种感官化思维方式。

第一种，故事思维。就是用讲故事的方式来烘托内容，阐述观点，引出结论。这方面有很多例子，如毛泽东同志的《为人民服务》《愚公移山》《纪念白求恩》等名篇，都是用故事开头，以小见大，层层深入，最后阐述一个深刻的主题，引人深思。

我们再看一个例子，一位领导为一本书写了一篇名为《点亮责任的心灯》的推荐序言，开头就这样写道，"去年，我听到公司一位普通员工的故事：这位叫时国林的定向井工程师，初到印度尼西亚作业时，由于语言能力不强，被甲方要求撤换。为了捍卫自己的尊严、公司的形象和中国人的荣誉，他承受屈辱咬牙坚持留了下来。他刻苦学习英语，夜以继日地拼命工作，经历了常人难以想象的苦和累，最终，甲方收回撤换他的要求，他以自己出色的工作能力赢得了外国人的尊重。听到这个故事后，我被时国林身上具有的坚忍、尽责和实干的精神深深感动。我想，他能做到这样，源于他对自身责任的认知和自觉承担。靠着勇于负责的精神，他在平凡的工作岗位上铸就了属于自己的荣耀。"这样切入，比干巴巴地讲道理要好得多。

第二种，美学思维。美学是哲学的一个分支，主要是对美的本质及其表现形式加以研究，从学术的角度来说，它更多地运用于文艺创作和评论当中，但在公文中，也可以运用美学思维来增加公文的可读性和美感。

具体来说，公文的美主要体现在：首先是内容上，有思想美。一是站位要"高"，紧紧围绕主题，从历史的、辩证的、全局的角度去认识、分析、解决问题；二是理论要"深"，紧紧结合学习、工作、生活进行深入研究，从而得出具有深刻内涵、独到见解的论述；三是语言要"新"，多讲自己思考后得出的新话，多讲富有个性、特色鲜明、生动活泼的话，少讲他人讲过的老话，少讲假大空的话。

其次是写法上，有表意美。一是比喻要"切"，用恰当的比喻，增强具体性、生动性、鲜明性，更好地表达对事物的感情和态度，如"像保护眼睛一样保护生态环境，像对待生命一样对待生态环境"，比喻生动形象、非常贴切，引人深思、使人警醒；二是排比要"强"，用结构整齐、节奏鲜明的排比，形成逻辑严密、说理透彻、抒情强烈、表意酣畅的效果，从而吸引人、说服人、感染人。三是引用要"好"，恰到好处地引用名言、警句、典故等作为论据，更好地表明观点，增强说服力、感召力。

最后，在形式上，有整饬均衡之美。一是标题要"活"，做到准确、鲜明、简洁。二是结构要"匀"，做到均衡、匀称，各级标题在确保能引领、概括所属内容的前提下，应尽量做到句式、层级大致相近，使语言整饬，相互映衬，呈现形式美和表现力。三是字数要"近"，每个部分、每个层次之间，尽量做到字数大体相近，不能做到，也不宜相差太多，避免失衡。当然，公文写作者要坚持的一个原则是，形式要为内容服务，任何时候都要以内容为根本。追求形式美，这归根结底是为了更好地表现内容。

多学科思维也是公文写作中需要掌握的重要思维方式。公文写作本身就是一种多领域的知识汇集，需要调动多方面的知识背景和学科积累，而多学科思维不仅在于使用多种学科的知识来丰富公文的写作，更在于用不同学科的视角和观点来分析问题，得出更有价值的结论。同样一个事物，同样一则素材，如果用单一学科的视角来看，只能得出一个维度、一个面的结论，而当运用多种学科的视角来观察和分析时，就能获得更多的认识和结论，从而更大限度地挖掘其价值。

具体来说，公文写作除了通常可能会运用的政治学、经济学、社会学、管理学、法律、文学等学科知识外，还常常会用到传播学思维，因为公文的发布和流转本身就是一种传播行为，可以从传播内容、传播者、接受者、传播渠道、传播效果等多个角度加以审视；还会用到信息化思维，从信息的角度来理解公文，特别是在信息技术日新月异的当下，信息内容与信息技术的互动在公文中也有明显体现；也会用到哲学思维来增加思维的深度，拓展哲学视野，以及使用历史思维，增加现实与历史的对照与反思，增强历史纵深与厚重感，达到以史为镜的作用。

从学科的角度来说，公文与修辞学思维也密不可分。合适的修辞，如排比、层递、对偶、回环、反复、反问、设问、象征、明喻、暗喻、比拟、拟人等，能使语言陡然生辉，焕发魅力，这是包括公文在内的任何一种文体都梦寐以求的艺术境界。但并不是所有的修辞都适用于公文写作，如反语、夸张、双关、衬托、顶真、拈连、仿词等，公文一般不采用或极少采用。总的来说，一切修辞活动都必须以写作的实际思想内容为中心，并围绕这个中心去选择表达方式，而且要掌握好分寸，用得轻重得当，恰如其分。

另外，还有三种思维方式也是公文写作者必须掌握的。一是他者思维，就是从使用者和写作者之外的"他者"的视角，对公文的立意、内容、观点等进行考量和审视，以判断其合理性和适宜性。我们前面讲过了公文起草要有"领导者意识"和"接受者意识"，或者叫传者意识与受者意识，姑且称之为"双层次思维"。写作者和使用者是公文的内部视角，接受者是公文的外部视角，而除此之外，公文的外部视角还包括旁观者、相互利益者、潜在影响者等，这样的"他者"视角如果充分纳入公文写作，无疑能更好地提高公文的针对性和有效性。

二是靶向思维。这是从医学中借鉴的一个词，"靶向治疗"是指针对已经明确的致病位点，设计出相应的治疗药物，对致病位点精准施治，促使病变细胞死亡。这种思维，在公文写作中其实就是坚持问题导向，强化问题意识，始终围绕发现问题、分析问题、解决问题来写作，这对于想问题、做决策、干事业具有很重要的现实意义。

三是量化思维。小数字能说明大道理，对于不容易说透的问题，用数字说话，是非常简捷有效的方法。例如，有一份关于建立学习型机关的公文，提出一个观点——"随机学习"，提倡利用空闲时间随机学习。其中用数字算了这样一笔账：每天读1小时的书，能读18000字，累计下来一年的阅读量可达650多万字，相当于20多本30万字的书。特别是现在全年的双休日、节假日多达110多天，几乎占去全年三分之一的时间。如果用在读书上，收效将是不言而喻的。这里就通过运用数据材料，揭示道理，引人思考，从而达到以简驭繁、见微知著的效果。

结语

人工智能时代的公文写作

当下，人工智能发展的热潮正在一浪高过一浪。不久前，由人工智能实验室OpenAI发布的对话式大型语言模型ChatGPT引起了无数人的关注和热议，用户数快速攀升，最让人叹为观止的是ChatGPT强大的数据搜集和处理功能，被认为是搜索引擎之后互联网的又一次革命。很多行业当中已经有人在哀叹，预感自己的职位将被ChatGPT所取代，不知该何去何从。很多公文写作者也在思考，ChatGPT的出现意味着什么，是能提高写作效率和工作成效，还是将彻底端掉广大公文写作者的饭碗？换句话说，我们如何看待人工智能时代的公文写作？我先说结论：人工智能能完成公文写作中一些简单、基础和程式化的内容，但公文里面有大量与人的思想、情感、判断相关的内容，是机器无法完全取代的。

目前在各级人民政府、国有企事业单位等组织中，大量的工作都是在拟写各类公文文稿。一方面，组织和个人为此投入了大量的人力和精力，很多单位表示找一个好的写手比找一个好的管理者更难，公文写作者承担繁重的工作任务不胜其累。另一方面，公文写作属于"三无工作"，即无客观标准、无固定模式、无方法体系，初学者往往在艰难的自我摸索中饱受折磨，成熟者也无法有效地把经验方法分享给他人，整个行业的专业化程度不高，业务提升往往只局限在浅层次的模板套写、范文学习、抽象的写作要点掌握上，学习的效率和效果都不好。

可以说，当前存在着日益增加的公文写作需求与落后而传统的业务学习提升模式之间的矛盾。面对这些痛点，有人把目光投向了人工智能。人工智能的大致定义是：对人的意识、思维的信息过程的模拟。人工智能不是人的智能，是能接近人去思考的智能。也就是说，人工智能写作（以下简称"智能写作"）也能从事写作这样的脑力劳动。

事实上，人工智能在写作领域的职业替代已经发生了，在人工智能的热门应用中就有写稿机器人，目前智能写作在新闻等领域已经得到很好的应用。而公文作为程式化、规范化程度高的文体，也可以利用技术手段实现写作模式的升级，用机器辅助人写作，提升学习和写作效率，提升工作的效能和绩效。

人工智能能够替代的部分，是标准化、程序化的部分，这一类文字的主要用途在于提供信息，而不在于是否优美，情感是否丰沛。而这些文字让人工智能去写作，反倒可以把人解放出来，去写一些真正自由发挥的东西。

公文写作属于刚需、高频、受众基数大的领域，全国有大量的各类组织和数以千万计且在不断补充的公文写作者队伍。事实上，公文尤其是法定公文和职场应用文，因为其程式化、规范化程度较高，正是智能写作潜力最大的应用场景。在不远的将来，每个职场人士配备一个机器人助手，帮助完成一些简单低层次的文字处理，人机协作完成写作任务，将成为现实。

人工智能的加入并不意味着人的写作能力不再重要，恰恰相反，机器永远替代不了最高端的那一部分智慧的创造性劳动，当机器可以承担很多工作时，人高超的写作能力及其背后的思考能力将变得更加稀缺。

人工智能写作现在基本是靠从海量数据中总结套路，但是真正自由的写作是从内心出发、向内心挖掘，然后把内心的悲伤、痛苦、兴奋等感觉转化为文字，这种写作将是人工智能所不能取代的。单就公文领域而言，人工智能能取代很多格式化、标准化的工作，但公文文稿中包含了很多涉及情感、判断、综合、思维等元素以及对分寸感、对象感等的把握，这是人工智能力有不逮的。

人工智能有很多种不同的算法，目前最为流行也最有前景的是深度学习，它在很大程度上模仿了人类的大脑学习。但是它模仿的只是大脑的皮层部分，而无法模仿人类最底层负责基础生理、欲望的爬行大脑，也无法模仿往上一层负责感知、情绪、情感、动机、社交以及深度思考的边缘大脑。

因此，人工智能不理解自己，它们没有元认知能力，也没有综合认知能力、理解他人的能力、自我决定的能力。这是它们和人最大的区别，也是它们目前不能做到和人类一样的地方。

人工智能的下一步发展，要处理的就是综合的、多功能的、多目标之间的相互协调，多种价值观、多种任务的相互协调，这其实需要人类更多地去理解自己的大脑、理解我们人类的心智系统。

例如，在公文写作领域，让人工智能按照模板和套路写作是不难的，但是如果面对这样的问题：在公文写作中如何去"悟"？如何通过转化形成自己的观点？如何理解写作中的灵感？如何理解和回应受众的需求？如何进行价值判断和思想引导？如何使文稿具有打动人心的力量？……这一系列问题，如果我们都无法回答，当然也不能指望人工智能能回答。

换句话说，如果这些问题我们也不能回答，那么其实我们分辨不出自己和人工智能的区别在哪儿，这其实不是人工智能的问题，而是我们的问题，如果我们没有了综合认知能力，如果我们也不能理解他人，如果我们也没有了自我认识和思考判断的能力，那么其实我们无法和人工智能加以区别。

人工智能对我们最大的威胁就在于，当我们过于依赖很多的模板、套路、数据系统以后，自己变得懒于深度思考、懒于自我反思，而让自己的智慧不断退化。人的大脑有很多神奇之处，人的心智系统也有很大的潜力，但我们没有把它们完全发掘出来。如果我们放弃了这种发掘和成长的努力，那真的将慢慢被人工智能所超越。只有让自己的智能不断前进，把人工智能局限于作为我们的辅助和工具，人与人工智能才能携手同行。所以，人工智能最大的意义在于让我们更多地理解自身，挖掘自身的潜能，激发自己的心智系统，让我们更了解自己，更理解同类。这些才是人作为智慧生物的迷人之处。

就公文领域而言，人工智能写作从技术上不难实现，关键在于算法，而好的算法设计必须基于对公文的深刻了解和规律认知，而这其实源于对公文背后的人的理解。有了这种理解，就能将写作中的"默会知识"显性化、条理化，对海量的数据进行有效分类和逻辑处理。换句话说，人工智能写作把人在写作时的运思能力，通过技术赋能给机器。

这种状态的智能写作，既需要人工智能本身的发展，也离不开人对公文写作的认识提升和规律把握。它绝不意味着将内容生产变成流水线劳动，更值得展望的前景是，它将成为一个开放的、动态的培训系统，它将很多人关于写作的默会知识变得可以分享，将使用的过程变成一个高效习得的过程，这将克服传统写作教学中欠缺方法体系的窘境。

所以，公文写作是否会被人工智能所取代，关键取决于我们的工作当中，有多少是高智能的，多少是简单重复、可以靠机器完成的。所以，人工智能快速发展的趋势，其实提出了一个挑战性的问题：公文写作者如何提高自己超越人工智能、无法被机器取代的能力？这是需要所有公文写作者思考和回答的问题。

例如，对于人人都知道的"主题要鲜明、观点要新颖、结构要清晰"等公文写作要求，究竟怎么样才能做到？具体运用什么方法？怎么样才能写出有思想、有情感、有灵魂的公文文稿？怎样修炼公文写作的"诗外功夫"？怎样把握那些语言难以清晰描述的诀窍与奥秘？甚至，怎么样在写作过程中修炼真正的能力，并使其助力自身职业和人生发展道路？

若我们带着这些问题，在工作中对公文写作进行深度思考，促进自我心智的成长，逐渐摆脱一些浅层次的认识，加深对公文写作的理解，获得关于写作规律和本质的认识，不但能极大地提高自己的工作效率和成果质量，而且在人工智能流行后，也能使它无法取代我们。

本书在这里只是提出了这一个问题，更多的认识和体会，期待读者们能够在思考中获得。

后记

应广大读者的要求，作者对"公文高手的修炼之道"系列书籍进行修订。其中，《公文高手的修炼之道　笔杆子的写作必修课（第2版）》在保留上一版大部分章节的基础上，对部分章节进行了替换，新增了第二课"公文写作的要领和注意事项"、第八课"修炼写作力的有效途径"，其他章节主体内容在未做大幅变动情况下，适当加以删减使其更精练，局部内容和结构也有所调整。此外，本书还增加了结语《人工智能时代的公文写作》，对人工智能带来的机遇和挑战做了初步探讨，从而引起大家对这一新趋势的思考。

总的来说，作者希望通过修订本书，进一步增加书中内容的实用性和方法论价值，并且使《公文高手的修炼之道　笔杆子的写作必修课（第2版）》《公文高手的修炼之道　笔杆子的写作进阶课（第2版）》《公文高手的修炼之道　笔杆子的写作精品课（第2版）》之间形成更加有机的整体。当然，遗憾依然是避免不了的。

胡森林

2023年5月